Play 스토어에서 QR Droid Private을 설치하신 후 위의 QR코드를 스캔해 보세요. 글샘교육의 다양한 무료컨텐츠를 만나보실 수 있습니다.

양질의 토양위에 뿌리와 줄기와 꽃, 잎, 열매로 구성된 한그루의 튼실한 나무처럼 한자공부의 밑거름이 되어 줄 알차고 튼튼한 구성을 알아봅시다.

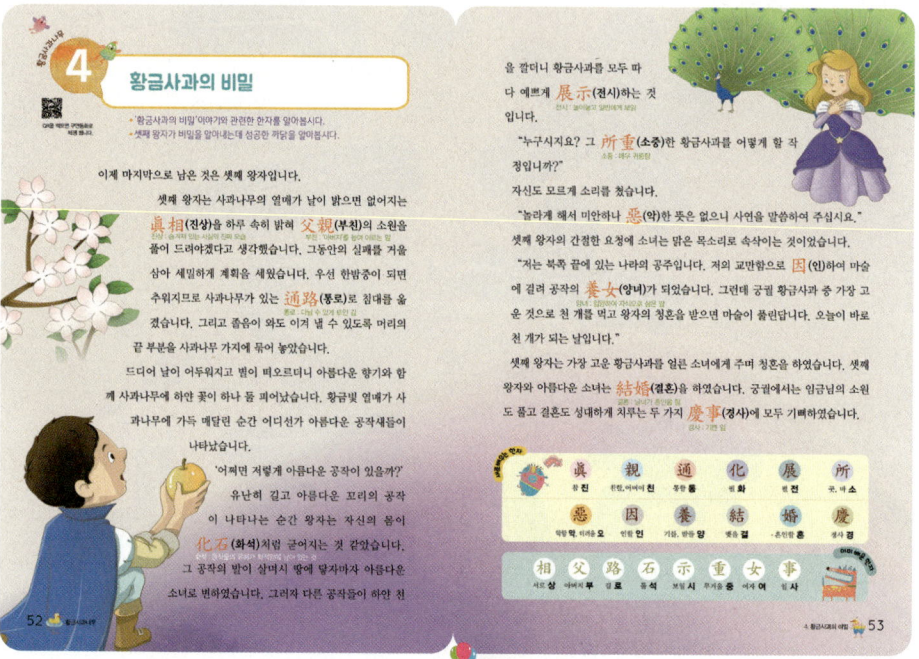

이야기로 배우는 한자

'황금사과나무', '밤마다 우는 카나리아' 이야기를 읽어 가면서 생각을 키우고 한자를 자연스럽게 익힐 수 있도록 하였습니다.

새로 배우는 한자와 이미 배운 한자

- 소단원에서 배우게 되는 새로운 한자와 음훈을 한 눈에 볼 수 있습니다.
- 이미 배운 한자는 앞 단계에서 배운 한자와 음훈을 수록하였습니다.

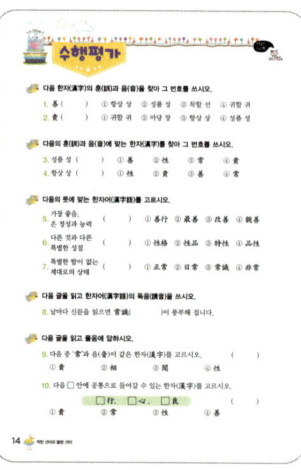

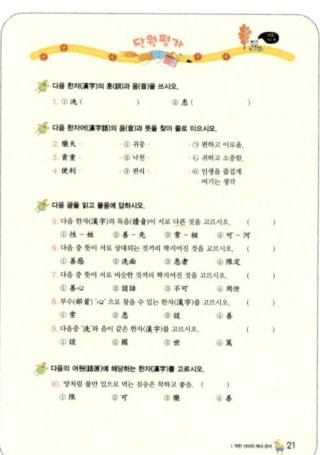

수행평가

각 소단위 학습을 마친 후 문제를 풀어 봄으로써 학습의 성취도를 알 수 있도록 하였습니다.

단원평가

단원 학습을 마친 후 다양한 문제 풀이를 해 봄으로써 배운 내용들을 꼼꼼히 정리하고 이해를 다질 수 있게 하였습니다.

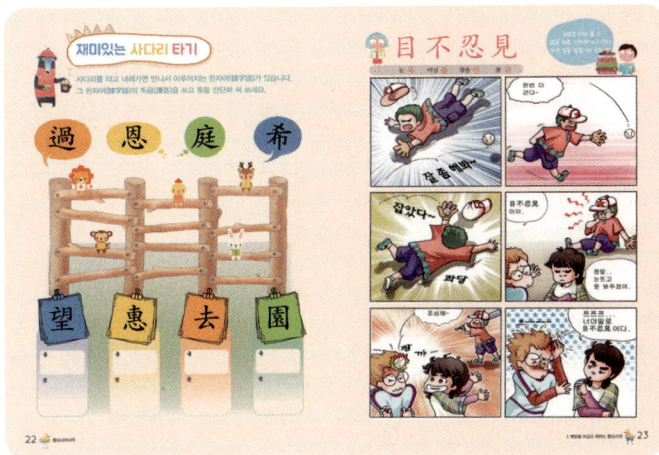

생각 키우기

어휘의 신장과 사고력을 높이기 위하여 놀이마당에서는 여러 형태의 놀이를 제시하고 만화로 엮은 사자성어로 재미있게 읽을거리를 마련하였습니다.

① 한자 기본 익히기
한자 공부의 기본인 훈음, 부수, 총 획수 이외에도 중국에서 사용하는 간체자와 발음(병음)을 표기하여 좀 더 깊이 있고 다양한 지식 습득이 가능하게 하였습니다.

② 한자 삽화
삽화를 보며 한자의 원리를 생각할 수 있게 하였습니다.

③ 한자 용례
초등학교 교과서에서 가장 많이 활용하는 단어를 중심으로 용례를 제시하여 한자의 의미를 더 친숙하게 기억하고 독서논술에 활용할 수 있도록 하였습니다.

④ 한자 어원
한자가 만들어지게 된 과정을 설명하고 그림으로 보여줌으로서 한자에 대해 쉽게 이해하고 기초 지식을 튼튼히 할 수 있도록 하였습니다.

⑤ 활용 문장
한자의 활용을 통해 한자의 다양한 쓰임과 한자어의 의미를 자연스럽게 익혀 독서논술에 활용할 수 있도록 하였습니다.

⑥ 한자 쓰기
새로 배운 한자를 필순에 따라 쓸 수 있도록 하였습니다.

본 교재는 어린이들이 좋아하는 옛날이야기 중에서 孝(효)와 禮(예)와 관련된 것을 초등학교 교육용 한자를 바탕으로 재구성하였다. 이는 한자 공부에 대한 학습 흥미를 가지고 접근하도록 하는 한편, 이야기에 나오는 한자·한자어·한자 어구를 익혀, 일상 언어생활을 풍부하게 하며 더 나아가서 자신의 의견이나 생각을 논리적으로 표현할 수 있는 논술력의 바탕을 기르고자 함에 있다. 또한 이야기를 통하여 인성 교육의 바탕이 되는 孝(효)와 禮(예)의 근본정신을 가르치고자 한다.

1) 孝(효)와 禮(예)와 관련된 옛날이야기를 읽기와 동영상을 통하여 한자에 흥미를 갖도록 한다.
2) 이야기와 관련된 한자 및 한자어의 음과 훈을 바르게 읽고 쓸 수 있다.
3) 한자어의 뜻을 알고 사용 용례의 공부를 통하여 풍부한 어휘력과 문장력을 기른다.
4) 간단한 간체자 및 한자의 중국어 발음을 통하여 세계화 시대의 다양한 학습 경험을 접한다.
5) 수행평가 및 단원 평가를 해결하는 과정에서 자기 주도적 학습력을 기른다.
6) 만화 사자성어를 통하여 한자 어구에 대한 간결명료한 표현 방법을 배우고 활용할 수 있다.
7) 재미있고 다양한 한자 게임을 통하여 배운 한자를 심화 학습한다.

	1 단계	2 단계	3 단계	4 단계	5 단계	6 단계
내 용	\multicolumn{6}{l}{• 재구성된 옛날이야기에 나오는 한자의 뜻을 이해하고, 한자 공부에 대한 학습에 흥미를 갖도록 한다. • 단원별 이야기에 나오는 한자의 음과 훈을 알고 필순에 맞게 쓰도록 한다. • 한자어의 뜻을 바르게 이해하고 활용 사례를 익힌다. • 한자의 간체자를 써 보고 중국어로 발음하여 본다. • 단원별 이야기를 읽고 나의 생활 경험에 비추어 반성하여 본다.}
주안점	\multicolumn{6}{l}{• 이야기 관련 한자어 및 한자를 배우고 바르게 사용하기 • 이야기와 관련하여 느낀 점을 친구들과 말하여 보고 나의 생활 반성하기}
	음과 훈 읽기	음과 훈을 읽고 필순에 맞게 따라 쓰기		음과 훈을 읽고 필순에 맞게 외워 쓰기		한자로 문장 만들기

	1 단계	2 단계	3 단계		4 단계		5 단계		6 단계	
시간수	30	30	3-1	15	4-1	**15**	5-1	15	6-1	15
			3-2	15	4-2	**15**	5-2	15	6-2	15
새로 배운 한자수	60	60	3-1	60	4-1	**60**	5-1	60	6-1	60
			3-2	60	4-2	**60**	5-2	60	6-2	60
새로 배운 한자누계	60	120	240		**360**		480		600	

초등한자 4단계 2

#	한자	훈음
1	民	백성 민
2	休	쉴 휴
3	終	마칠 종
4	湖	호수 호
5	線	선, 줄 선
6	漁	어부, 고기잡을 어
7	表	겉 표
8	好	좋을 호
9	理	다스릴 리(이)
10	由	말미암을 유
11	必	반드시 필
12	要	반드시 요
13	堂	집 당
14	意	뜻 의
15	志	뜻 지
16	眼	눈 안
17	賢	어질 현
18	婦	아내, 며느리 부
19	黑	검을 흑
20	體	몸 체
21	公	공평할 공
22	勞	일할 노(로)
23	才	재주 재
24	聞	들을 문
25	忠	충성 충
26	義	옳을 의
27	識	알 식, 기록할 지
28	見	볼 견, 뵐 현
29	榮	영화 영
30	第	차례 제

4-1 단계

🟠 황금사과나무

1. 별빛을 머금고 자라는 황금사과 — 10
2. 첫째 왕자의 실패 — 24
3. 둘째 왕자의 실패 — 38
4. 황금사과의 비밀 — 52

🦔 밤마다 우는 카나리아 — 66

- 214字 부수(部首) 일람표 — 149
- 수행평가 및 단원평가 정답 — 152
- 한자색인목록 — 154
- 사자성어, 반의어, 동의어, 동음이의어 — 156
- 판별지 — 158

1 별빛을 머금고 자라는 황금사과

- 과거, 은혜, 희망 등의 한자어 및 이야기 관련 한자를 공부해 봅시다.
- 사과나무의 비밀에 대하여 상상해 봅시다.

QR을 찍으면 구연동화로 재생 됩니다.

옛날에 궁궐과 **庭園**(정원)이 무척 아름다운 나라가 있었습니다.
정원 : 집안에 있는 뜰

그 곳에는 언제부터인지 모르지만 **過去**(과거)부터 귀하게 내려오는 신기한 사과나무 한 그루가 있었습니다.
과거 : 현재를 기준한 그 이전

그 사과나무는 겉보기에 보통 사과나무 같았지만 특별한 나무였습니다.

그 사과나무는 다른 과일 나무처럼 **太陽**(태양)빛을 받고 자라는 것이 아니었습니다. 밤마다 아름다운 **行星**(행성)들의 빛을 받아 하룻밤 사이에 하얀 사과꽃을 피우고 빛나는 황금빛 열매를 맺는 **恩惠**(은혜)로운 나무였습니다.
태양 : 스스로 빛을 내는 큰 별. 해
행성 : 태양의 둘레를 공전하는 모든 천체
은혜 : 고맙게 베풀어 주는 혜택

10 황금사과나무

임금님은 밤마다 화려하게 열매맺는 황금사과의 아름다움에 감탄하였습니다. 그래서 사람들은 다른 사람 몰래 많은 時間(시간)을 황금사과나무의
시간 : 시각과 시각 사이
비밀을 알아내려고 노력하였습니다. 그러나 아침이 밝아오면 화려했던 황금사과는 어느새 감쪽같이 사라지고 보통의 사과나무의 모습으로 변하는 것이었습니다.

임금님의 希望(희망)은 하루 속히 황금사과를
희망 : 어떤 일을 이루고자 바람
먹어보는 것입니다. 그래서 임금님은 신하들을 모아 놓고 사과나무에 대하여 자세히 案內(안내)
안내 : 소개하여 알려줌
하였습니다. 그리고 最大(최대)한 빨리 황금사
최대 : 가장 큼
과를 따 오도록 명령하였습니다.

새로 배우는 한자

園	過	去	陽	星	恩
동산 원	지날, 허물 과	갈 거	볕 양	별 성	은혜 은
惠	時	案	最	希	望
은혜 혜	때 시	책상, 생각 안	가장 최	바랄 희	바랄 망

이미 배운 한자

| 庭 | 太 | 行 | 間 | 內 | 大 |
| 뜰 정 | 클 태 | 다닐 행 | 사이 간 | 안 내 | 큰 대 |

園

동산 원
口부 10획 (총13획)

园　中 yuán

 옷 챙겨(袁) 싸듯 울타리를 친(口) 동산이니 '동산 원'
· 袁(옷 챙길 원), 口[에운 위]

- 公園(공원) : 모든 사람이 쉬거나 놀 수 있도록 만든 넓은 장소. (公:공평할 공)
  - 公園(공원)에 놀이 시설이 많습니다.
- 庭園(정원) : 집 안에 있는 뜰. (庭:뜰 정)
  - 무당벌레는 잔디가 깔린 庭園(정원)이 아름다웠습니다.

過

지날, 허물 과
辵(辶)부 9획 (총13획)

过　中 guò

 삐뚤어지게(咼) 지나가니(辶) '지날 과'
· 咼(입 삐뚤어질 괘), 辶(갈 착, 뛸 착)

- 過去(과거) : 현재를 기준한 그 이전. (去:갈 거)
  - 過去(과거)에는 엽전을 돈으로 사용하였습니다.
- 過食(과식) : 지나치게 많이 먹는 것. (食:먹을 식)
  - 잘못된 식사 습관이나 過食(과식)은 비만의 원인이 됩니다.

園 - 동산 원

過 - 지날 과

 1. 별빛을 머금고 자라는 황금사과

去 갈 거
ム부 3획 (총5획)

去 中 qù 반의어 來(올 래)

厶 → 宏 → 去

어린 땅(土)으로 사사로이(ム) 가니 '갈 거'
• 土(흙 토), ム(사사 사, 나 사)

뜻 활용
- 去來(거래) : 물건을 서로 주고 받거나 사고 파는 일. (來:올 래)
  – 시장은 상품을 去來(거래)하는 곳입니다.
- 去年(거년) : 지난 해. (年:해 년)
  – 去年(거년)에는 마을 축제가 있었습니다.

陽 볕 양
阝부 9획 (총12획)

阳 中 yáng

阜 → 阝 → 阝
昜 → 昜 → 昜 陽

언덕(阝)을 비추는 햇살(昜)이니 '볕 양'
• 阝 = (언덕 부 방), 昜(볕 양, 햇살 양)

뜻 활용
- 太陽(태양) : 스스로 빛을 내는 큰 별. 해 (太:클 태)
  – 서쪽으로 기우는 太陽(태양)을 석양이라고 합니다.
- 陽地(양지) : 볕이 잘 드는 땅. (地:땅 지)
  – 陽地(양지)에서는 식물이 잘 자랍니다.

去去去去去					陽陽陽陽陽陽陽陽陽陽				
去	去				陽	陽			
갈 거	갈 거				볕 양	볕 양			

수행평가

다음 한자(漢字)의 훈(訓)과 음(音)을 찾아 그 번호를 쓰시오.

1. 園 (   ) ① 으뜸 원 ② 근원 원 ③ 동산 원 ④ 둥글 원
2. 過 (   ) ① 지날 과 ② 갈 거 ③ 동산 원 ④ 볕 양

다음의 훈(訓)과 음(音)에 맞는 한자(漢字)를 찾아 그 번호를 쓰시오.

3. 볕 양 (   ) ① 園 ② 陽 ③ 去 ④ 過
4. 갈 거 (   ) ① 居 ② 角 ③ 行 ④ 去

다음의 뜻에 맞는 한자어(漢字語)를 고르시오.

5. 볕이 잘 드는 땅 (   ) ① 夕陽 ② 陽地 ③ 土陽 ④ 陽光
6. 꽃동산 (   ) ① 田園 ② 花園 ③ 公園 ④ 樂園
7. 현재를 기준하여 지나간 날 (   ) ① 過去 ② 果去 ③ 果巨 ④ 過居

다음 글을 읽고 한자어(漢字語)의 독음(讀音)을 쓰시오.

8. 빈 터에 여러 사람을 위한 公園 (   )이 만들어지고 있습니다.
9. 夕陽 (   )에 붉게 물든 하늘이 무척 고와 보입니다.

다음 글을 읽고 물음에 답하시오.

10. 다음 중 '園'과 음(音)이 같은 한자(漢字)를 고르시오. (   )
    ① 靑 ② 花 ③ 原 ④ 陽

1. 별빛을 머금고 자라는 황금사과

星 별 성
日부 5획 (총9획)
星 中 xīng

해(日)가 진 뒤에 생기는(生) 것이니 '별 성'
• 日(해 일, 날 일), 生(날 생, 살 생)

- 行星(행성) : 태양의 둘레를 공전하는 모든 천체. (行:다닐 행)
  - 우리가 살고 있는 지구는 行星(행성)입니다.
- 火星(화성) : 태양에서 넷째로 가까운 행성. (火:불 화)
  - 火星(화성)은 태양에 네번째로 가까운 별입니다.

恩 은혜 은
心부 6획 (총10획)
恩 中 ēn

의지했던(因) 사람을 고마워하는 마음(心)이니 '은혜 은'
• 因(말미암을 인, 의지할 인), 心(마음 심)

- 恩師(은사) : 은혜를 베풀어 준 스승. (師:스승 사)
  - 恩師(은사)님의 가르침은 바다보다 깊습니다.
- 恩人(은인) : 자기에게 은혜를 베푼 사람. (人:사람 인)
  - 의사 선생님은 제 생명을 구해준 恩人(은인)입니다.

星星星星星星星星星					恩恩恩恩恩恩恩恩恩恩				
星	星				恩	恩			
별 성	별 성				은혜 은	은혜 은			

 **은혜 혜**
心부 8획 (총12획)

惠　中 huì　동의어 恩(은혜 은)

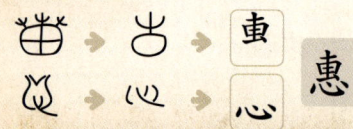　언행을 삼가고(叀) 어진 마음(心)을 베푸니 '은혜 혜'
・[차(車)에 점(·)찍는 것은 삼가니 '삼갈 전'], 心(마음 심)

- **特惠(특혜)**: 특별히 베푸는 혜택. (特:특별할 특)
  - 누구에게든 特惠(특혜)를 주면 안됩니다.
- **恩惠(은혜)**: 받거나 베푸는 고마운 혜택. (恩:은혜 은)
  - 고마운 분의 恩惠(은혜)를 잊지 말아야 합니다.

 **때 시**
日부 6획 (총10획)

时　中 shí

　(해시계로 시간을 재던 때에) 해(日)의 위치에 따라 절(寺)에서 종을 쳐 알리는 것이니 '때 시'
・日(해 일, 날 일), 寺(절 사)

- **時間(시간)**: 시각과 시각 사이. 진행되는 동안. (間:사이 간)
  - 약속 時間(시간)을 꼭 지켜야 한다고 생각합니다.
- **時期(시기)**: 바라고 기다리던 때. (期:기약할 기)
  - 가을은 책을 읽기에 알맞은 時期(시기) 입니다.

惠惠忘忘息惠惠惠惠惠							時時時時時時時時時時						
惠	惠						時	時					
은혜 **혜**	은혜 혜						때 **시**	때 시					

案

책상, 생각 안

木부 6획 (총10획)

案 ㊥ àn

편하게(安) 나무(木)로 만든 것이니 '책상 안', 또 책상에서 짠 생각이나 계획이니 '생각 안'
- 安(편안할 안), 木(나무 목)

뜻 활용

- 案内(안내) : 이끌어 데려다 줌. 소개하여 알려줌. (内:안 내)
  - 관광 案内(안내)를 맡으신 분이 매우 친절합니다.

- 案前(안전) : 높으신 어른이 앉은 자리. (前:앞 전)
  - 어느 案前(안전)이라고 감히 말씀을 드리겠습니까?

最

가장 최

日부 8획 (총12획)

最 ㊥ zuì

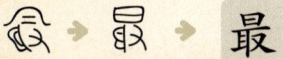

(무슨 일을 할 때) 여러 말(日)을 취하여(取) 들음이 가장 최선이니 '가장 최'
- 日(가로 왈), 取(취할 취)

뜻 활용

- 最大(최대) : 가장 큼. (大:큰 대)
  - 양팔을 最大(최대)로 벌렸습니다.

- 最上(최상) : 맨 위, 맨 위의 등급. (上:위 상)
  - 선수들의 기분이 最上(최상)입니다.

案案案案案案案案案案					最最最最最最最最最最最最					
案	案				最	最				
책상 안	책상 안				가장 최	가장 최				

수행평가

다음 한자(漢字)의 훈(訓)과 음(音)을 찾아 그 번호를 쓰시오.

1. 時 (   ) ① 시장 시   ② 때 시   ③ 보일 시   ④ 절 사
2. 最 (   ) ① 가장 최   ② 취할 취   ③ 높을 고   ④ 푸를 청

다음의 훈(訓)과 음(音)에 맞는 한자(漢字)를 찾아 그 번호를 쓰시오.

3. 별 성 (   ) ① 星   ② 陽   ③ 去   ④ 過
4. 은혜 은 (   ) ① 陽   ② 過   ③ 恩   ④ 案

다음의 뜻에 맞는 한자어(漢字語)를 고르시오.

5. 자기에게 은혜를 베푼 사람 (   ) ① 恩心   ② 恩功   ③ 恩惠   ④ 恩人
6. 태양에서 넷째로 가까운 행성 (   ) ① 花星   ② 火星   ③ 和星   ④ 火月
7. 이끌어 데려다 줌 (   ) ① 安內   ② 園內   ③ 案內   ④ 國內

다음 글을 읽고 한자어(漢字語)의 독음(讀音)을 쓰시오.

8. 過去 (   )에는 소금이 화폐 구실을 한 적도 있습니다.

다음 글을 읽고 물음에 답하시오.

9. '時'와 음(音)이 같은 한자(漢字)를 고르시오. (   )
   ① 陽   ② 園   ③ 星   ④ 試

10. 다음 □ 안에 공통으로 들어갈 수 있는 한자(漢字)를 고르시오.
    □高, □上, □善   (   )
    ① 恩   ② 最   ③ 時   ④ 案

1. 별빛을 머금고 자라는 황금사과

바랄 희
巾부 4획 (총7획)

希 中 xī 동의어 望(바랄 망)

찢어진(乂) 베(布)옷이면 새 옷을 바라니 '바랄 희'
- 乂(벨 예, 다스릴 예, 어질 예), 布(베 포)

- **希望(희망)** : 어떤 일을 이루고자 바람. (望:바랄 망)
  - **希望(희망)**찬 새 해가 밝아 왔습니다.

- **希願(희원)** : 바라고 원함. (願:원할 원)
  - 새장 속 새들의 **希願(희원)**은 푸른 하늘을 날으는 것입니다.

바랄 망
月부 7획 (총11획)

望 中 wàng

없는(亡) 달(月)이 뜨기를(壬) 바라니 '바랄 망'
- 亡(망할 망, 달아날 망, 죽을 망), 月(달 월), 壬(짊어질 임, 아홉째 천간 임)

- **失望(실망)** : 희망을 잃음. 뜻을 못 이룸. (失:잃을 실)
  - 모였던 많은 사람들은 **失望(실망)**을 하였습니다.

- **野望(야망)** : 사회적으로 큰 일을 하겠다는 희망. (野:들 야, 범위 야)
  - 소년에게는 **野望(야망)**이 필요합니다.

希希希希希希希					望望望望望望望望望望望				
希	希				望	望			
바랄 희	바랄 희				바랄 망	바랄 망			

수행평가

다음 한자(漢字)의 훈(訓)과 음(音)을 찾아 그 번호를 쓰시오.

1. 望 (   )   ① 바랄 망   ② 바랄 원   ③ 바랄 희   ④ 별 성
2. 希 (   )   ① 은혜 혜   ② 바랄 희   ③ 동산 원   ④ 바랄 망

다음의 훈(訓)과 음(音)에 맞는 한자(漢字)를 찾아 그 번호를 쓰시오.

3. 바랄 희 (   )   ① 星   ② 去   ③ 惠   ④ 希
4. 바랄 망 (   )   ① 園   ② 望   ③ 過   ④ 最

다음의 뜻에 맞는 한자어(漢字語)를 고르시오.

5. 어떤 일을 이루고자 바람 (   )   ① 希望   ② 希求   ③ 恩惠   ④ 過去
6. 일이 바라는대로 되지 않아 낙심함 (   )   ① 所望   ② 希望   ③ 失望   ④ 所重

다음 글을 읽고 한자어(漢字語)의 독음(讀音)을 쓰시오.

7. 희준이의 所望(   )은 화가가 되는 것입니다.

다음 글을 읽고 물음에 답하시오.

8. 다음 중 '望'과 음이 같은 한자(漢字)를 고르시오. (   )
   ① 希   ② 壬   ③ 亡   ④ 兩

9. 다음 중 '希'와 어울리는 한자(漢字)를 고르시오. (   )
   ① 最   ② 望   ③ 日   ④ 案

10. 다음 □안에 공통으로 들어갈 수 있는 한자(漢字)를 고르시오.
    失□, 希□, 所□   (   )
    ① 恩   ② 陽   ③ 園   ④ 望

다음 한자(漢字)의 훈(訓)과 음(音)을 쓰시오.

1. ① 去 (   )   ② 陽 (   )

다음 보기와 같이 뜻에 맞는 한자어(漢字語)를 쓰시오.

| 보기 | 일을 처리하는 방법(방안) – (方案) |

2. 태양 둘레를 도는 별 (행성) ➡

3. 이끌어 데려다 줌. (안내) ➡

다음 뜻에 맞는 한자어(漢字語)를 고르시오.

4. 다음 한자(漢字)의 독음(讀音)이 같은 것끼리 짝지어진 것을 고르시오.
   (   )
   ① 過 – 花   ② 去 – 來   ③ 園 – 原   ④ 時 – 間

5. 다음 중 뜻이 서로 상대되는 것끼리 짝지어진 한자어(漢字語)를 고르시오.
   (   )
   ① 去來   ② 希望   ③ 恩惠   ④ 案內

6. 다음 중 동의어끼리 짝지어진 한자(漢字)를 고르시오. (   )
   ① 行星   ② 過去   ③ 時間   ④ 最低

7. 다음 중 '案'과 어울리는 한자(漢字)를 고르시오. (   )
   ① 內   ② 生   ③ 亡   ④ 月

8. 다음 중 '恩'과 어울리는 한자(漢字)를 고르시오. (   )
   ① 土   ② 惠   ③ 手   ④ 心

다음의 어원(語原)에 해당하는 한자(漢字)를 고르시오.

9. '언덕을 비추는 햇살'을 뜻함. (   )
   ① 去   ② 陽   ③ 內   ④ 園

10. '해의 위치에 따라 절에서 종을 쳐 알리는 것'을 뜻함. (   )
    ① 最   ② 星   ③ 惠   ④ 時

재미있는 사다리 타기

사다리를 타고 내려가면 만나서 이루어지는 한자어(韓字語)가 있습니다. 그 한자어(韓字語)의 독음(讀音)을 쓰고 뜻을 간단히 써 보세요.

過 　 恩 　 庭 　 希

望 　 惠 　 去 　 園

음
뜻

음
뜻

음
뜻

음
뜻

# 目不忍見
눈 목   아닐 불   참을 인   볼 견

'눈뜨고 차마 볼 수 없음'으로, 난처하거나 안타까운 일을 말할 때 쓰는 말.

2 첫째 왕자의 실패

- 애정, 존경, 조속 등의 한자어 및 이야기 관련 한자를 공부해 봅시다.
- 첫째 왕자가 실패한 까닭을 생각하여 봅시다.

QR을 찍으면 구연동화로 재생 됩니다.

임금님에게는 세 명의 왕자가 있었습니다.

왕자들은 크나 큰 **愛情**(애정)과 정성으로 자신들을 길러주신 임금님을 늘
애정 : 사랑하는 마음

尊敬(존경)하고 따랐습니다. 왕자들은 황금사과나무로 인하여 애를 태우는
존경 : 받들어 공경함

임금님을 위하여 **早速**(조속)한 시일내에 황금사과의 비밀을 알아내고 열매를
조속 : 오래 걸리지 않도록 빠름

따다 드려야겠다고 결심하였습니다.

먼저 첫째 왕자가 나섰습니다. 첫째 왕자는 **耳目口鼻**(이목구비)가 뚜
이목구비 : 귀·눈·입·코를 중심으로 한 얼굴의 생김새

렷하고 **德性**(덕성)스러웠습니다. **王家**(왕가)의 첫째 아드님으로써 나무랄
덕성 : 덕이 있고 너그러운 성격   왕가 : 왕의 집안

데가 없이 늠름하여 임금님의 **信望**(신망)이 높았습니다.
신망 : 여러 사람이 믿고 존경하는 것

첫째 왕자는 듬직한 모습으로 황금사과나무아래 서서 날이 어두워지기만 기다렸습니다. 드디어 해가 지고 밤이 점점 깊어지더니 순식간에 세상이 마치 **暗室**(암실)처럼 캄캄해졌습니다.
암실 : 빛이 들어오지 못하도록 막아서 캄캄한 방
다. 그리고 궁궐 담밖의 나뭇잎이 서로 흔들리는 소리가 들릴 정도로 고요하였습니다.

갑자기 주변이 캄캄하여오자 정신이 혼미해지고 잠이 쏟아지기 시작하였습니다. **死生**
사생 : 죽음과 삶
(사생) 결단을 하고 참으려 했지만 첫째 왕자는 그만 다음 날 아침까지 깊은 잠에 빠져버렸습니다.

愛	情	尊	敬	早	速
사랑 애	뜻 정	높을 존	공경할 경	일찍 조	빠를 속
鼻	德	家	信	暗	死
코 비	덕 덕	집 가	믿을 신	어두울 암	죽을 사

이미 배운 한자

| 耳 | 目 | 口 | 性 | 王 | 望 | 室 | 生 |
| 귀 이 | 눈 목 | 입 구 | 성품 성 | 임금 왕 | 바랄 망 | 집 실 | 살, 날 생 |

2. 첫째 왕자의 실패

 **사랑 애**

心부 9획 (총13획)

爱 中 ài

손(爫)으로 덮어도(冖) 마음(心)에 자꾸 오니(夂) '사랑 애'
- 爫('손톱 조'나 여기서는 손으로 봄), 冖(덮을 멱), 心(마음 심), 夂(천천히 걸을 쇠, 뒤져 올 치)

- **友愛(우애)** : 형제간의 두터운 정. (友:벗 우)
  − 형과 나는 **友愛(우애)**가 깊습니다.

- **愛情(애정)** : 사랑하는 마음. (情:뜻 정)
  − 이것은 내가 가장 **愛情(애정)**을 갖는 물건입니다.

 **뜻 정**

心부 8획 (총11획)

情 中 qíng

마음(忄)을 푸르게(靑), 즉 희망 있게 쓰니 '뜻 정'
- 忄= 心(마음 심), 靑(푸를 청)

- **情感(정감)** : 사물을 보고 일어나는 마음. (感:느낄 감)
  − 고향의 사투리는 **情感(정감)**이 있습니다.

- **多情(다정)** : 정이 많음. (多:많을 다)
  − 누나가 **多情(다정)**하게 말하였습니다.

愛	愛					情	情			
사랑 애	사랑 애					뜻 정	뜻 정			

26 황금사과나무

尊 높을 존

寸부 9획 (총12획)

尊 中 zūn

우두머리(酋)에게는 말 한 마디(寸)도 높이니 '높을 존'
• 酋(추장 추, 우두머리 추), 寸(마디 촌, 법도 촌)

- 尊重(존중) : 높이고 소중하게 여김. (重:무거울 중)
  – 아이들이 남의 말을 尊重(존중)하도록 가르쳐야 합니다.

- 尊敬(존경) : 받들어 공경함. (敬:공경할 경)
  – 나는 우리 선생님을 尊敬(존경) 합니다.

敬 공경할 경

攵부 9획 (총13획)

敬 中 jìng

진실한(苟) 마음으로 채찍질(攵)하면 모두 공경하니 '공경할 경'
• 苟(진실로 구, 구차할 구), 攵(칠 복)

- 恭敬(공경) : (윗사람을)공손하게 받들어 모심. (恭:공손할 공)
  – 어른을 恭敬(공경)하는 마음을 가져야 합니다.

- 敬語(경어) : 높임말. 듣는 사람에게 존경의 뜻으로 사용하는 말.(語:말씀 어)
  – 어른에게 敬語(경어)를 사용해야 합니다.

尊	尊					敬	敬				
높을 존	높을 존					공경할 경	공경할 경				

수행평가

다음 한자(漢字)의 훈(訓)과 음(音)을 찾아 그 번호를 쓰시오.

1. 愛 (   )   ① 뜻 정   ② 공경할 경   ③ 높을 존   ④ 사랑 애
2. 敬 (   )   ① 공경할 경   ② 갈 거   ③ 동산 원   ④ 높을 존

다음의 훈(訓)과 음(音)에 맞는 한자(漢字)를 찾아 그 번호를 쓰시오.

3. 뜻 정 (   )   ① 敬   ② 情   ③ 愛   ④ 正
4. 높을 존 (   )   ① 望   ② 敬   ③ 尊   ④ 思

다음의 뜻에 맞는 한자어(漢字語)를 고르시오.

5. 형제간의 두터운 정 (   )   ① 友愛   ② 愛人   ③ 思惠   ④ 友情
6. 마음에 품은 생각 (   )   ① 事情   ② 人情   ③ 心情   ④ 表情
7. 높이고 소중하게 여김 (   ) ① 自尊   ② 尊重   ③ 自重   ④ 愛用

다음 글을 읽고 한자어(漢字語)의 독음(讀音)을 쓰시오.

8. 정수네 마을에서는 敬老 (   ) 잔치를 하였습니다.

다음 글을 읽고 물음에 답하시오.

9. 다음 중 '愛'와 어울리는 한자(漢字)를 고르시오. (   )

   ① 生   ② 案   ③ 國   ④ 信

10. 다음 □ 안에 공통으로 들어갈 수 있는 한자(漢字)를 고르시오.

    事□,   心□,   □性   (   )

    ① 敬   ② 愛   ③ 尊   ④ 情

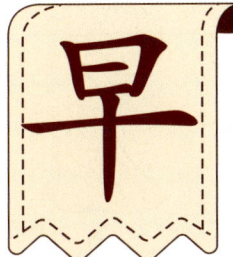 **일찍 조**

日부 2획 (총6획)

早 ㊥ zǎo

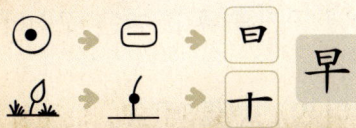 해(日)가 지평선(一) 위로 떠오르는(丨) 때니 '일찍 조'
• 日(해 일, 날 일)

- 早退(조퇴) : 정한 시간보다 일찍 돌아감. (退:물러날 퇴)
  – 오늘은 몸이 너무 아파 早退(조퇴)를 하였습니다.

- 早期(조기) : 이른 시기. (期:기간 기, 때 기, 기약할 기)
  – 병은 早期(조기)에 치료해야 합니다.

 **빠를 속**

辵(辶)부 7획 (총11획)

速 ㊥ sù

물건을 묶어서(束) 나르면(辶) 빠르니 '빠를 속'
• 束(묶을 속), 辶(갈 착, 뛸 착)

- 高速(고속) : 높은 속도. 빠른 속도. (高:높을 고)
  – 부모님과 함께 高速(고속) 버스를 탔습니다.

- 早速(조속) : (어떤 일이 이루어 지는 것이) 이르고 빠름. (早:이를 조)
  – 早速(조속)한 시일 내로 답장을 부탁드립니다.

早 ㅁ ㅁ 早 早 早					速 速 速 速 速 速 速 速 速 速 速				
早	早				速	速			
일찍 조	일찍 조				빠를 속	빠를 속			

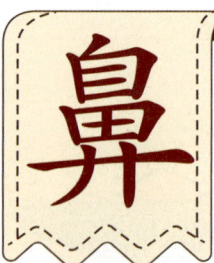 코 비

鼻부 0획 (총14획)

鼻 中 bí

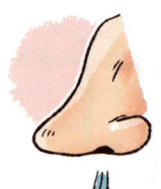

코를 본떠서 스스로 자(自)에 공기를 주고 받는 곳이라는 데서 줄 비(畀)를 붙여 '코 비'
- 自(자기 자, 스스로 자, 부터 자), 畀(줄 비)

뜻 활용

- **鼻**音(비음) : 콧구멍에서 울려나오는 소리. (音:소리 음)
  − 어느 가수의 **鼻**音(비음) 섞인 노래가 매우 인상적이었습니다.
- 耳目口**鼻**(이목구비) : 귀·눈·입·코를 중심으로 한 얼굴의 생김새. (耳:귀 이, 目:눈 목, 口:입 구)
  − 새로 전학 온 친구는 耳目口**鼻**(이목구비)가 뚜렷했습니다.

 덕 덕

彳부 12획 (총15획)

德 中 dé

행실(彳)이 덕스러우니(悳) '덕 덕'
- 彳('조금 걸을 척'으로 여기서는 행실로 봄), 悳(덕 덕)

뜻 활용

- 道**德**(도덕) : 사람으로서 지켜야 할 도리. (道:길 도)
  − 공원에서는 공중 道**德**(도덕)을 잘 지켜야 합니다.
- **德**性(덕성) : 덕이 있고 너그러운 성격. (性::성품 성)
  − 사람은 지혜와 **德**性(덕성)을 두루 갖추어야 합니다.

鼻	鼻										德	德	德	德	德	德	德	德	德
鼻	鼻										德	德							
코 비	코 비										덕 덕	덕 덕							

2. 첫째 왕자의 실패

家 집 가

宀부 7획 (총10획)

家 中 jiā 동의어 室(집 실)

집(宀)에 돼지(豕)처럼 먹고 자고 하는 곳이니 '집 가'
- 宀(집 면), 豕(돼지 시)

뜻 활용

- 家事(가사) : 집안 살림에 관한 일. (事:일 사)
  – 어머니는 家事(가사)로 늘 바쁘십니다.

- 王家(왕가) : 왕의 집안. (王:임금 왕)
  – 왕의 죽음을 계기로 하여 王家(왕가)는 몰락의 길을 걷기 시작했습니다.

信 믿을 신

亻(人)부 7획 (총9획)

信 中 xìn

사람(亻)이 말한(言) 대로 행하니 '믿을 신'
- 亻= 人(사람 인), 言(말씀 언)

뜻 활용

- 信奉(신봉) : 옳다고 믿고 받듦. (奉:받들 봉)
  – 민주주의를 信奉(신봉)합니다.

- 信望(신망) : 여러 사람이 믿고 존경하는 것. (望:바랄 망)
  – 학급 회장을 맡은 수현이는 학생들 사이에서 信望(신망)이 두텁습니다.

家家家家家家家家家家	信信信信信信信信信
家 家	信 信
집 가	믿을 신

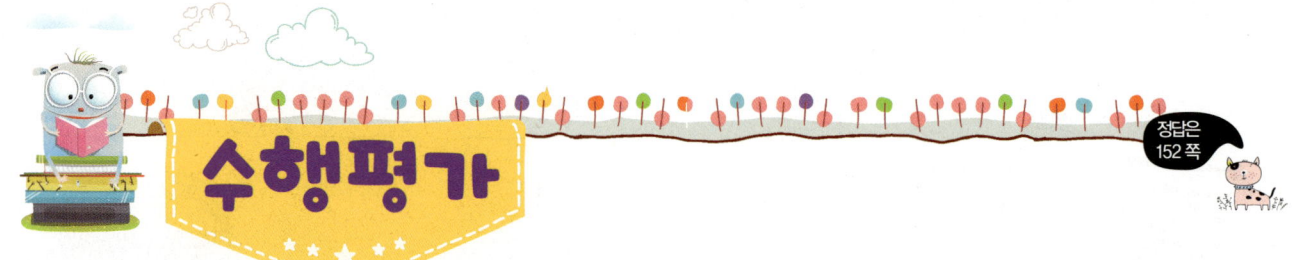

수행평가

🐦 다음 한자(漢字)의 훈(訓)과 음(音)을 찾아 그 번호를 쓰시오.

1. 家 (   )　①이를 조　②집 가　③뜻 정　④믿을 신

2. 速 (   )　①빠를 속　②묶을 속　③공경할 경　④코 비

🐦 다음의 훈(訓)과 음(音)에 맞는 한자(漢字)를 찾아 그 번호를 쓰시오.

3. 믿을 신 (   )　①家　②敬　③信　④德

4. 이를 조 (   )　①早　②朝　③家　④信

🐦 다음의 뜻에 맞는 한자어(漢字語)를 고르시오.

5. 집안 살림에 관한 일 (   ) ①家父　②家事　③民家　④家門

6. 사람이 지켜야 할 도리 (   ) ①德分　②德行　③道德　④德望

🐦 다음 글을 읽고 한자어(漢字語)의 독음(讀音)을 쓰시오.

7. 시간을 잘 지키는 것이 信用(   )의 시작입니다.

8. 감기에 걸린 영수의 목소리는 鼻音(   )입니다.

🐦 다음 글을 읽고 물음에 답하시오.

9. 다음 중 '家'와 음(音)이 같은 한자(漢字)를 고르시오. (   )

　①歌　②事　③早　④族

10. 다음 □ 안에 공통으로 들어갈 수 있는 한자(漢字)를 고르시오.

　□望,　□用,　□義　(   )

　①早　②德　③速　④信

暗 어두울 암

日부 9획 (총13획)

暗　中 àn　반의어 明(밝을 명)

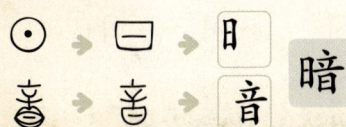 暗

해(日)가 지고 소리(音)만 들리니 '어두울 암'
- 日(날 일), 音(소리 음)

- **明暗(명암)** : 밝음과 어두움. (明:밝을 명)
  - 그림을 그릴 때에는 **明暗(명암)**을 잘 나타내야 합니다.
- **暗室(암실)** : 빛이 들어오지 못하도록 막아서 캄캄한 방. (室:집 실)
  - 사진을 인화하기 위해서는 제대로 된 **暗室(암실)**이 필요합니다.

死 죽을 사

歹부 2획 (총6획)

死　中 sǐ　반의어 生(살 생)

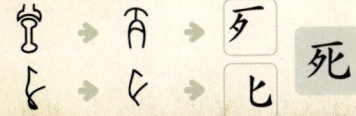 死

죽도록(歹) 비수(匕)에 찔리니 '죽을 사'
- 歹(뼈 부서질 알, 죽을 사 변), 匕(비수 비)

- **死刑(사형)** : 법원의 판결을 받아 목숨을 끊는 형벌. (刑:형벌 형)
  - 그대를 **死刑(사형)**에 처하고 전 재산을 몰수할 것입니다.
- **死生(사생)** : 죽음과 삶. (生:살 생)
  - 나는 이번 일에 **死生(사생)**결단을 낼 각오를 했습니다.

暗暗暗暗暗暗暗暗暗暗暗暗暗				死死死死死死			
暗	暗			死	死		
어두울 암	어두울 암			죽을 사	죽을 사		

수행평가

🐤 다음 한자(漢字)의 훈(訓)과 음(音)을 찾아 그 번호를 쓰시오.

1. 暗 (   )   ① 밝을 명   ② 이를 조   ③ 믿을 신   ④ 어두울 암
2. 死 (   )   ① 살 활   ② 죽을 사   ③ 병들 병   ④ 살 생

🐤 다음의 훈(訓)과 음(音)에 맞는 한자(漢字)를 찾아 그 번호를 쓰시오.

3. 죽을 사 (   )   ① 生   ② 死   ③ 活   ④ 動
4. 어두울 암 (   )   ① 陽   ② 明   ③ 暗   ④ 信

🐤 다음의 뜻에 맞는 한자어(漢字語)를 고르시오.

5. 죽기와 살기 (   )   ① 死活   ② 活力   ③ 死氣   ④ 死別
6. 신분을 숨기고 남몰래 다님 (   )   ① 暗示   ② 暗星   ③ 暗行   ④ 暗花

🐤 다음 글을 읽고 한자어(漢字語)의 독음(讀音)을 쓰시오.

7. 사진은 暗室(   )에서 현상을 합니다.
8. 그는 死地(   )에서 살아 돌아왔습니다.

🐤 다음 글을 읽고 물음에 답하시오.

9. 다음 중 '死'와 음(音)이 같은 한자(漢字)를 고르시오. (   )
   ① 里   ② 活   ③ 信   ④ 事

10. 다음 □ 안에 공통으로 들어갈 수 있는 한자(漢字)를 고르시오. (   )

    明□, □行, □示

    ① 速   ② 早   ③ 敬   ④ 暗

단원평가

🦜 다음 한자(漢字)의 훈(訓)과 음(音)을 쓰시오.

1. ① 情(　　　　)　　② 速(　　　　)

🦜 다음 보기와 같이 뜻에 맞는 한자어(漢字語)를 쓰시오.

　보기　서쪽으로 기우는 태양 (석양) – (夕陽)

2. 밝음과 어두움. (명암) ➜
3. 받들어 공경함. (존경) ➜

🦜 다음 글을 읽고 물음에 답하시오.

4. 다음 한자(漢字)의 독음(讀音)이 같은 것끼리 짝지어진 것을 고르시오.
(　　)
① 愛 – 情　② 鼻 – 目　③ 信 – 身　④ 家 – 室

5. 다음 중 뜻이 서로 상대되는 것끼리 짝지어진 한자어(漢字語)를 고르시오.
(　　)
① 光明　② 死活　③ 希望　④ 耳口

6. 다음 중 '家'와 뜻이 비슷한 한자(漢字)를 고르시오. (　　)
① 室　② 速　③ 德　④ 信

7. 다음 중 '尊'과 어울리는 한자(漢字)를 고르시오. (　　)
① 星　② 入　③ 人　④ 敬

8. 다음 중 '信'과 어울리는 한자(漢字)를 고르시오. (　　)
① 田　② 手　③ 用　④ 目

🦜 다음의 어원(語原)에 해당하는 한자(漢字)를 고르시오.

9. '마음을 푸르게, 즉 희망 있게 씀'을 뜻함. (　　)
① 情　② 速　③ 信　④ 死

10. '집에 돼지처럼 먹고 자고 하는 곳'을 뜻함. (　　)
① 室　② 愛　③ 家　④ 早

색칠하기

다음 그림의 한자(漢字)를 읽고, 애(愛)는 빨간색으로, 정(情)은 초록색으로 색칠하여 보세요. 맛있는 사과가 됩니다.

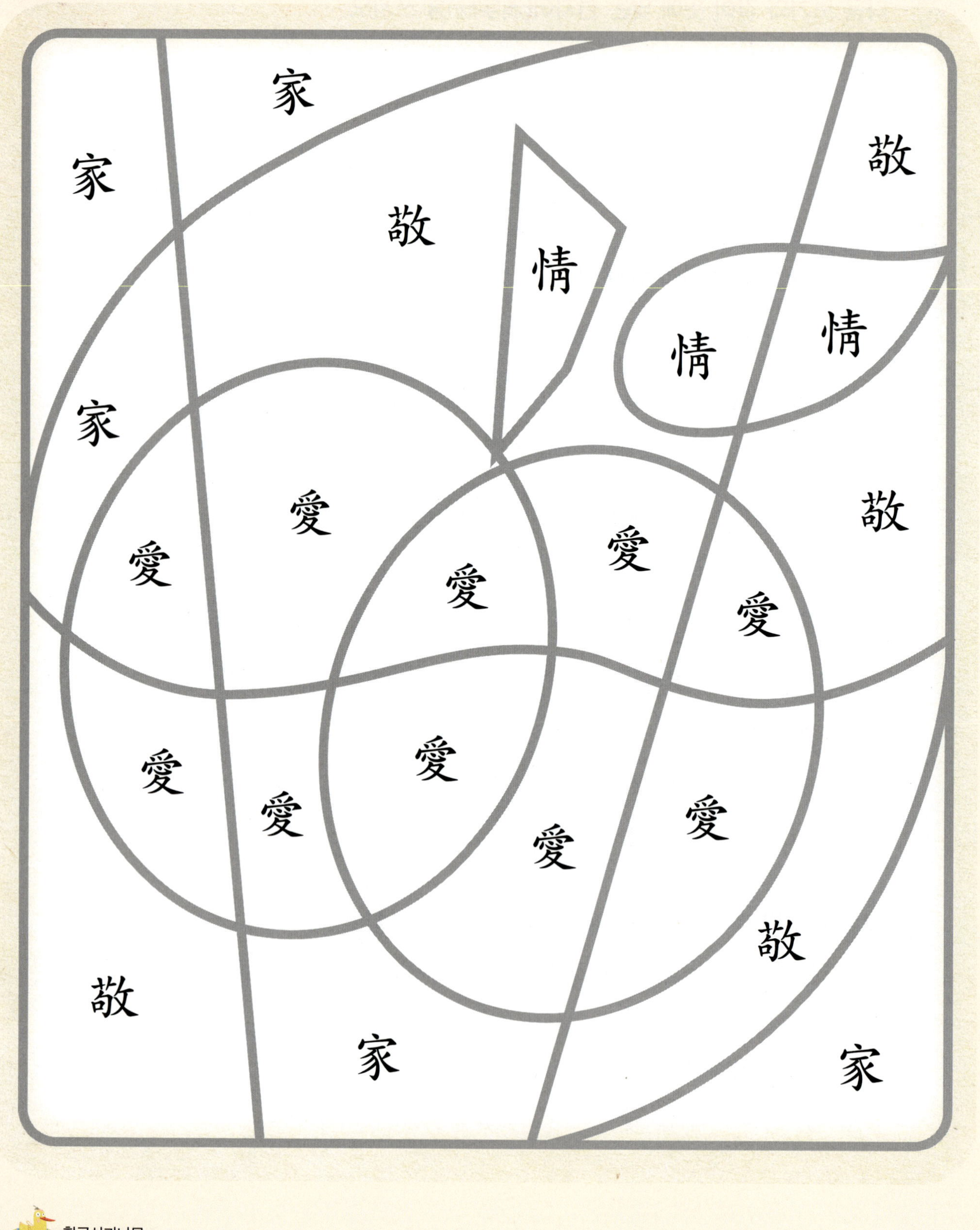

自手成家
스스로 자 손 수 이룰 성 집 가

'자기 손으로 집을 이룸'으로, 혼자의 힘으로 큰 성공을 했을 때 쓰는 말.

3 둘째 왕자의 실패

QR을 찍으면 구연동화로 재생 됩니다.

• 자타, 교분, 봉사 등의 한자어 및 이야기 관련 한자를 공부해 봅시다.
• 둘째 왕자가 비밀을 알아내는 데 실패한 까닭을 알아봅시다.

다음 날은 둘째 왕자가 나서기로 하였습니다.

첫째 왕자의 실패를 거울삼아 둘째 왕자는 완벽하게 준비를 하였습니다. 둘째 왕자는 **自他**(자타)가 **童話**(동화)속에
자타 : 자기와 남을 아울러 이르는 말   동화 : 어린이를 위하여 동심을 바탕으로 지은 이야기
나오는 왕자라고 인정할 만큼 날래고 용감하였습니다. 활달한 성격으로 평소에 친구들과의 **交分**
교분 : 친구 사이의 사귄 정분
(교분)이 깊었습니다.

둘째 왕자는 많은 친구들 중에서 **奉事**
봉사 : 남을 위하여 일하는 것

(봉사) 정신과 책임감이 뛰어난 친구를 **選出**(선출)하였습니
선출 : 여러 사람 가운데서 특정한 사람을 가려 뽑는 것
다. 황금사과나무의 비밀을 알아내기 위하여 각자 해야 할일을 나누
어 연습을 하였습니다. 둘째 왕자는 자신있는 모습으로 날이 저물기만
을 기다렸습니다.

　드디어 해가 지고 차츰 밤이 깊어 갔습니다. 밤하늘은 마치 **最初**(최초)로
최초 : 맨 처음
우주가 탄생하던 순간처럼 수많은 별들로 **銀世界**(은세계)를 이루었습니다.
은세계 : 눈이 내려 사방이 온통 은백색으로 덮인 천지
휘황찬란한 빛은 궁궐 담 밖의 **街路**(가로)수에 있는 나뭇잎 모양도 환히 보일
가로 : 도시의 넓은 길
정도로 대낮 같았습니다.

　그 순간 갑자기 황금사과나무가 활짝 꽃을 피우기 시작하였습니다. 사과꽃
향기가 둘째 왕자와 친구에게 전해졌습니다. 아름다운 사과꽃 향기에 취하고
感動(감동)하여 왕자와 동료들은 스르르 잠들고 말았습니다. 잠든 왕자의 얼
감동 : 강하게 느끼어 마음에 변화를 일으키는 것
굴[**容**(용)]은 그지없이 평화스럽고 아름다웠습니다.

　둘째 왕자도 결국 이유를 알아내는데 실패하였습니다.

3. 둘째 왕자의 실패

다를 타

亻(人)부 3획 (총5획)

他 中 tā 반의어 自(스스로 자)

亻 → 亻 → 亻
也 → 也 → 也   他

사람(亻)이 또한(也) 모두 다르고 남이니 '다를 타'
- 亻 = 人(사람 인), 也(또한 야, 어조사 야)

뜻 활용
- 他人(타인) : 다른 사람. (人:사람 인)
  - 他人(타인)의 입장에서 생각할 줄 알아야 합니다.
- 自他(자타) : 자기와 남. (自:스스로 자)
  - 서진이가 성실하다는 것은 自他(자타)가 공인하는 사실입니다.

이야기 화

言부 6획 (총13획)

话 中 huà

言 → 言 → 言
舌 → 舌 → 舌   話

말(言)을 혀(舌)로 하니 '이야기 화', '말할 화'
- 言(말씀 언), 舌(혀 설)

뜻 활용
- 電話(전화) : 전화기를 이용하여 주고받는 말. (電:번개 전)
  - 찬호에게 電話(전화)를 걸었습니다.
- 童話(동화) : 어린이가 읽는 이야기. (童:아이 동)
  - 안데르센은 童話(동화) 작가입니다.

他 他 亻 他 他						話 話 話 話 話 話 話 話 話 話 話 話 話											
他	他					話	話								
다를 타	다를 타					이야기 화	이야기 화								

40

 3. 둘째 왕자의 실패

 사귈 **교**

亠부 4획 (총6회)

交 中 jiāo

夐 → 变 → 交

(옛날에) 머리(亠)에 갓을 쓰고 아버지(父)는 사람을 사귀거나 오고 갔으니 '사귈 교'
• 亠(머리부분 두), 父(아비 부)

- 交通(교통) : 차, 비행기 등이 일정한 길을 오고 가는 일. (通:통할 통)
  – 아무리 힘들어도 交通(교통) 질서는 꼭 지켜야 합니다.

- 交友(교우) : 친구와 사귐. (友:벗 우)
  – 연희는 交友(교우) 관계가 좋습니다.

 나눌 **분**

刀부 2획 (총4획)

分 中 fēn, fèn

나누어(八) 칼(刀)로 자르니 '나눌 분'
• 八(여덟 팔, 나눌 팔), 刀(칼 도)

- 氣分(기분) : 마음속에 생기는 감정 상태. (氣:기운 기)
  – 선생님의 칭찬에 氣分(기분)이 좋아졌습니다.

- 交分(교분) : 친구 사이의 사귄 정분. (交:사귈 교)
  – 옛 선비들은 온 마음을 기울여 交分(교분)을 맺었습니다.

交 交 交 交 交 交				分 分 分 分			
交	交			分	分		
사귈 교	사귈 교			나눌 분	나눌 분		

수행평가

- 다음 한자(漢字)의 훈(訓)과 음(音)을 찾아 그 번호를 쓰시오.

    1. 交 (   ) ① 나눌 분   ② 다를 타   ③ 사귈 교   ④ 일찍 조
    2. 話 (   ) ① 말씀 언   ② 이야기 화 ③ 갈 거   ④ 동산 원

- 다음의 훈(訓)과 음(音)에 맞는 한자(漢字)를 찾아 그 번호를 쓰시오.

    3. 나눌 분 (   ) ① 星   ② 信   ③ 家   ④ 分
    4. 다를 타 (   ) ① 連   ② 情   ③ 他   ④ 愛

- 다음의 뜻에 맞는 한자어(漢字語)를 고르시오.

    5. 다른 사람 (   ) ① 他人   ② 他地   ③ 自他   ④ 出他
    6. 친구와 사귐 (   ) ① 交行   ② 交友   ③ 敎友   ④ 交代

- 다음 글을 읽고 한자어(漢字語)의 독음(讀音)을 쓰시오.

    7. 어머니께서 동생에게 童話 (   )를 읽어 주십니다.
    8. 날씨가 맑으니 氣分 (   )이 상쾌합니다.

- 다음 글을 읽고 물음에 답하시오.

    9. 다음 중 '話'와 음(音)이 같은 한자(漢字)를 고르시오. (   )
        ① 花   ② 分   ③ 案   ④ 時

    10. 다음 □ 안에 공통으로 들어갈 수 있는 한자(漢字)를 고르시오. (   )

        □明, □別, 氣□

        ① 交   ② 分   ③ 他   ④ 話

받들 봉 奉

大부 5획 (총8획)

奉 中 fèng

하늘 땅(二) 같이 큰(大) 분을 손(龹)으로 받드니 '받들 봉'
- 二('두 이'나 여기서는 하늘땅으로 봄), 龹=手(손 수, 재주 수)

뜻 활용

- 奉祝(봉축) : 공경하는 마음으로 축하함. (祝:빌 축)
  - 사월 초파일에는 부처님을 奉祝(봉축)하는 행사가 열립니다.

- 奉仕(봉사) : 남을 위하여 일하는 것. (仕:섬길 사)
  - 奉仕(봉사)활동을 하고 나니 뿌듯한 마음이 들었습니다.

뽑을 선 選

辵(辶)부 12획 (총16획)

选 中 xuǎn

뱀들(巳巳)처럼 어울려 함께(共) 가(辶) 뽑으니 '뽑을 선'
- 巳(뱀 사), 共(함께 공), 辶(갈 착, 뛸 착)

뜻 활용

- 選手(선수) : 운동경기에 대표로 나가는 사람. (手:손 수)
  - 4번 選手(선수)가 홈런을 쳤습니다.

- 選出(선출) : 여러 사람 가운데서 특정한 사람을 가려 뽑는 것. (出:날 출)
  - 지원이가 우리 학교 전교 회장으로 選出(선출)되었습니다.

 처음 **초**

刀부 5획 (총7획)

初 中 chū

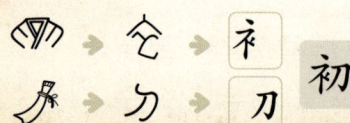 옷(衤)을 만드는 데는 포목을 칼(刀)로 자르는 일이 처음이니 '처음 초'
• 衤(옷 의), 刀(칼 도)

- 初等(초등): 초등 보통 교육을 실시하는 학교. (等:등급 등)
  – 내 동생이 初等(초등)학교에 입학합니다.
- 最初(최초): 맨 처음. (最:가장 최)
  – 100년 전 라이트 형제가 最初(최초)로 비행기를 만들었습니다.

 은 **은**

金(钅)부 6획 (총14획)

银 中 yín

 금(金) 다음에 머물러(艮) 있는 보석이니 '은 은'
• 金(쇠 금, 금 금, 돈 금, 성씨 김), 艮(어긋날 간, 멈출 간)

- 銀河水(은하수): 은하계를 강에 비유한 말. (河:물 하, 水:물 수)
  – 밤하늘의 銀河水(은하수)를 보았습니다.
- 銀行(은행): 금융기관의 한가지. (行:다닐 행)
  – 현금을 銀行(은행)에 맡겼습니다.

界 경계 계

田부 4획 (총9획)

界 中 jiè

밭(田) 사이에 끼어(介) 있는 것이니 '경계 계'
- 田(밭 전), 介(끼일 개)

- 境界(경계) : 어떤 물체와 맞닿는 자리. (境:지경 경)
  – 이곳은 이웃 마을과 境界(경계)가 되는 곳입니다.
- 銀世界(은세계) : 눈이 내려 사방이 온통 은백색으로 덮인 천지. (銀:은 은, 世:세상 세)
  – 밤새 내린 눈으로 거리는 온통 흰색으로 덮여 銀世界(은세계)로 변해 있었습니다.

街 거리 가

行부 6획 (총12획)

街 中 jiē 동의어 路(길 로)

다니도록(行) 흙을 돋아(圭) 만든 길이니 '거리 가'
- 行(다닐 행, 행할 행), 土(흙 토)

- 商街(상가) : 상점이 많이 늘어선 거리. (商:장사 상)
  – 영희는 어머니 심부름으로 商街(상가)에 다녀왔습니다.
- 街路樹(가로수) : 도시 넓은 길에 있는 나무. (路:길 로, 樹:나무 수)
  – 영수는 街路樹(가로수) 밑에서 친구를 기다리고 있습니다.

界 界 界 界 界 界 界 界 界								街 街 街 街 街 街 街 街 街 街 街 街											
界	界								街	街											
경계 계	경계 계								거리 가	거리 가											

수행평가

🦉 다음 한자(漢字)의 훈(訓)과 음(音)을 찾아 그 번호를 쓰시오.

1. 初 (   )   ① 받들 봉   ② 나눌 분   ③ 처음 초   ④ 다를 타

2. 街 (   )   ① 은 은   ② 사귈 교   ③ 집 가   ④ 거리 가

🦉 다음의 훈(訓)과 음(音)에 맞는 한자(漢字)를 찾아 그 번호를 쓰시오.

3. 뽑을 선 (   )   ① 先   ② 選   ③ 話   ④ 他

4. 받들 봉 (   )   ① 奉   ② 初   ③ 交   ④ 界

🦉 다음의 뜻에 맞는 한자어(漢字語)를 고르시오.

5. 운동경기에 대표로 나가는 사람 (   )   ① 選出   ② 選手   ③ 選入   ④ 投手

6. 옳다고 믿고 받듦 (   )   ① 信奉   ② 奉行   ③ 奉事   ④ 奉老

🦉 다음 글을 읽고 한자어(漢字語)의 독음(讀音)을 쓰시오.

7. 正初 (   )에는 일년의 계획을 세웁니다.

8. 銀行 (   )에 예금을 하였습니다.

🦉 다음 글을 읽고 물음에 답하시오.

9. 다음 중 '銀'과 음(音)이 같은 한자(漢字)를 고르시오. (   )
   ① 惠   ② 恩   ③ 金   ④ 分

10. 다음 □ 안에 공통으로 들어갈 수 있는 한자(漢字)를 고르시오. (   )

    □路, □道, 商□

    ① 界   ② 交   ③ 街   ④ 初

 황금사과나무　3. 둘째 왕자의 실패

感　감동할 감

心부 9획 (총13획)

感　中 gǎn

정성을 다해(咸) 마음(心)쓰면 느끼고 감동하니 '느낄 감', '감동할 감'
• 咸(다 함), 心(마음 심)

- **感**動(감동) : 깊이 마음에 느끼어 돌아 움직임. (動:움직일 동)
  - 따뜻한 말 한마디가 마음을 **感**動(감동)시킬 수 있습니다.
- **感**氣(감기) : 기침, 두통이 함께 생기는 호흡기 병. (氣:기운 기)
  - 아무래도 **感**氣(감기)에 걸린 것 같습니다.

容　얼굴 용

宀부 7획 (총10획)

容　中 róng

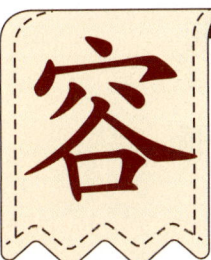

집(宀)안 일로 골짜기(谷)처럼 주름진 얼굴이니 '얼굴 용'
• 宀(집 면), 谷(골짜기 곡)

- 內**容**(내용) : 안에 들어 있는 것. (內:안 내)
  - 책의 內**容**(내용)이 재미있었습니다.
- 許**容**(허용) : 허락함. (許:허락할 허)
  - 밖에 나가는 것을 許**容**(허용) 하였습니다.

感感感感感感感感感感感感感	容容容容容容容容容容
感　感	容　容
감동할 감　감동할 감	얼굴 용　얼굴 용

수행평가

🐤 다음 한자(漢字)의 훈(訓)과 음(音)을 찾아 그 번호를 쓰시오.

1. 感 (   )   ① 느낄 감   ② 나눌 분   ③ 경계 계   ④ 거리 가
2. 容 (   )   ① 다를 타   ② 믿을 신   ③ 얼굴 용   ④ 이를 조

🐤 다음의 훈(訓)과 음(音)에 맞는 한자(漢字)를 찾아 그 번호를 쓰시오.

3. 얼굴 용 (   )   ① 面   ② 容   ③ 用   ④ 界
4. 느낄 감 (   )   ① 情   ② 界   ③ 奉   ④ 感

🐤 다음의 뜻에 맞는 한자어(漢字語)를 고르시오.

5. 안에 들어 일렬로 있는 것 (   )   ① 內容   ② 美容   ③ 客光   ④ 內用
6. 느껴서 마음이 움직임 (   )   ① 感氣   ② 感服   ③ 感動   ④ 感情

🐤 다음 글을 읽고 한자어(漢字語)의 독음(讀音)을 쓰시오.

7. 양표는 感氣 (   )에 걸려 고생을 하였습니다.

🐤 다음 글을 읽고 물음에 답하시오.

8. 다음 중 '容'과 음이 같은 한자(漢字)를 고르시오. (   )
   ① 用   ② 口   ③ 手   ④ 目

9. 다음 중 '感'과 어울리는 한자(漢字)를 고르시오. (   )
   ① 金   ② 淸   ③ 容   ④ 奉

10. 다음 □ 안에 공통으로 들어갈 수 있는 한자(漢字)를 고르시오. (   )

    □情, □動, □氣

    ① 初   ② 分   ③ 行   ④ 感

단원평가

🐦 다음 한자(漢字)의 훈(訓)과 음(音)을 쓰시오.

1. ① 他 (   )   ② 選 (   )

🐦 다음 보기와 같이 뜻에 맞는 한자어(漢字語)를 쓰시오.

> 보기 동쪽바다 (동해) – (東海)

2. 아이들을 위하여 지은 이야기 (동화) ➔

3. 공경하는 마음으로 축하함. (봉축) ➔

🐦 다음 글을 읽고 물음에 답하시오.

4. 다음 한자(漢字)의 독음(讀音)이 서로 <u>다른</u> 것을 고르시오. (   )
   ① 話 – 火   ② 交 – 校   ③ 分 – 時   ④ 銀 – 恩

5. 다음 중 뜻이 서로 상대되는 것끼리 짝지어진 한자어(漢字語)를 고르시오. (   )
   ① 自他   ② 交分   ③ 最初   ④ 感動

6. 다음 중 뜻이 서로 비슷한 것끼리 짝지어진 것을 고르시오. (   )
   ① 童話   ② 選人   ③ 街路   ④ 金銀

7. 다음 중 '選'과 어울리는 한자(漢字)를 고르시오. (   )
   ① 信   ② 容   ③ 干   ④ 手

8. 다음 중 '銀'과 어울리는 한자(漢字)를 고르시오. (   )
   ① 土   ② 行   ③ 死   ④ 干

🐦 다음의 어원(語原)에 해당하는 한자(漢字)를 고르시오.

9. '나누어 칼로 자르는 것'을 뜻함. (   )
   ① 他   ② 分   ③ 男   ④ 初

10. '다니도록 흙을 돋아 만든 길'을 뜻함. (   )
    ① 土   ② 行   ③ 銀   ④ 街

한자 단어 찾기

보기에 있는 단어들을 한자(韓字)로 생각하여 보고, 아래 표에서 찾아 묶어보세요.

보기: 동화, 봉축, 감동, 선출, 자타, 교분

自	他	銀	感
童	奉	祝	動
話	界	交	分
街	選	出	容

4 황금사과의 비밀

QR을 찍으면 구연동화로 재생 됩니다.

- '황금사과의 비밀' 이야기와 관련한 한자를 알아봅시다.
- 셋째 왕자가 비밀을 알아내는데 성공한 까닭을 알아봅시다.

이제 마지막으로 남은 것은 셋째 왕자입니다.

셋째 왕자는 사과나무의 열매가 날이 밝으면 없어지는 **眞相**(진상)을 하루 속히 밝혀 **父親**(부친)의 소원을
진상 : 숨겨져 있는 사실의 진짜 모습   부친 : '아버지'를 높여 이르는 말
풀어 드려야겠다고 생각했습니다. 그동안의 실패를 거울 삼아 세밀하게 계획을 세웠습니다. 우선 한밤중이 되면 추워지므로 사과나무가 있는 **通路**(통로)로 침대를 옮
통로 : 다닐 수 있게 트인 길
겼습니다. 그리고 졸음이 와도 이겨 낼 수 있도록 머리의 끝 부분을 사과나무 가지에 묶어 놓았습니다.

드디어 날이 어두워지고 별이 떠오르더니 아름다운 향기와 함께 사과나무에 하얀 꽃이 하나 둘 피어났습니다. 황금빛 열매가 사과나무에 가득 매달린 순간 어디선가 아름다운 공작새들이 나타났습니다.

'어쩌면 저렇게 아름다운 공작이 있을까?'

유난히 길고 아름다운 꼬리의 공작이 나타나는 순간 왕자는 자신의 몸이 **化石**(화석)처럼 굳어지는 것 같았습니다.
화석 : 동식물의 유해가 퇴적암에 남아 있는 것
그 공작의 발이 살며시 땅에 닿자마자 아름다운 소녀로 변하였습니다. 그러자 다른 공작들이 하얀 천

을 깔더니 황금사과를 모두 따다 예쁘게 展示(전시)하는 것입니다.

전시 : 늘어놓고 일반에게 보임

"누구시지요? 그 所重(소중)한 황금사과를 어떻게 할 작정입니까?"

소중 : 매우 귀중함

자신도 모르게 소리를 쳤습니다.

"놀라게 해서 미안하나 惡(악)한 뜻은 없으니 사연을 말씀하여 주십시오."

셋째 왕자의 간절한 요청에 소녀는 맑은 목소리로 속삭이는 것이었습니다.

"저는 북쪽 끝에 있는 나라의 공주입니다. 저의 교만함으로 因(인)하여 마술에 걸려 공작의 養女(양녀)가 되었습니다. 그런데 궁궐 황금사과 중 가장 고운 것으로 천 개를 먹고 왕자의 청혼을 받으면 마술이 풀린답니다. 오늘이 바로 천 개가 되는 날입니다."

양녀 : 입양하여 자식으로 삼은 딸

셋째 왕자는 가장 고운 황금사과를 얼른 소녀에게 주며 청혼을 하였습니다. 셋째 왕자와 아름다운 소녀는 結婚(결혼)을 하였습니다. 궁궐에서는 임금님의 소원도 풀고 결혼도 성대하게 치루는 두 가지 慶事(경사)에 모두 기뻐하였습니다.

결혼 : 남녀가 혼인을 함

경사 : 기쁜 일

새로 배운 한자

| 眞 참 진 | 親 친할, 어버이 친 | 通 통할 통 | 化 될 화 | 展 펼 전 | 所 곳, 바 소 |

| 惡 악할 악, 더러울 오 | 因 인할 인 | 養 기를, 받들 양 | 結 맺을 결 | 婚 혼인할 혼 | 慶 경사 경 |

이미 배운 한자

| 相 서로 상 | 父 아버지 부 | 路 길 로 | 石 돌 석 | 示 보일 시 | 重 무거울 중 | 女 여자 여 | 事 일 사 |

4. 황금사과의 비밀

 ## 참 진
目부 5획 (총10획)

真 中 zhēn

 곧고 바름(直)이 사방팔방(八) 어디서나 통하니 '참 진'
• 直(곧을 직, 바를 직), 八(여덟 팔, 나눌 팔)

- 眞正(진정) : 참되고 바름. 거짓이 없음. (正:바를 정)
  – 우리는 眞正(진정) 행복하기를 원합니다.
- 眞相(진상) : 숨겨져 있는 사실의 진짜 모습. (相:서로 상)
  – 검찰은 사건의 眞相(진상) 파악에 나섰습니다.

 ## 친할, 어버이 친
見부 9획 (총16획)

亲 中 qīn, qìng

 서(立) 있는 나무(木)를 돌보듯(見) 자식을 보살피는 분이니 '어버이 친', '친할 친'
• 立(설 립), 木(나무 목), 見(볼 견, 뵐 현)

- 親切(친절) : 매우 정답고 인정이 있음. (切:끊을 절, 간절할 절)
  – 누구든지 親切(친절)한 사람을 좋아합니다.
- 父親(부친) : '아버지'를 높여 이르는 말. (父:아버지 부)
  – 父親(부친)의 성함이 어떻게 됩니까?

眞	眞				親	親			
참 진	참 진				친할 친	친할 친			

 54 황금사과나무

 통할 **통**

辶(辶)부 7획 (총11획)

通 🀄 tōng

무슨 일이나 솟게(甬) 뛰며(辶) 열심히 하면 통하니 '통할 통'
• 甬(솟을 용), 辶(갈 착, 뛸 착)

- 通行(통행) : 통하여 다님. (行:다닐 행)
  – 새로 만든 길로 **通行(통행)**하게 되었습니다.
- 通路(통로) : 다닐 수 있게 트인 길. (通:통할 통)
  – 열차 안은 **通路(통로)**까지 사람이 꽉 들어찼습니다.

 될 **화**

匕부 2획 (총4획)

化 🀄 huā, huà

사람(亻)에게 비수(匕)를 들이대면 변화하니
'될 화', '변화할 화'
• 亻=人(사람 인), 匕(비수 비 – 짧고 날카로운 칼)

- 文化(문화) : 한 사회의 예술, 문학 등의 정신적 바탕. (文:글월 문)
  – 가을에는 **文化(문화)** 행사가 많습니다.
- 化石(화석) : 동식물의 유해가 퇴적암에 남아 있는 것. (石:돌 석)
  – 암석에서 **化石(화석)**이 발견됩니다.

通 通 通 通 通 通 通 通 通 通 通			化 化 化 化			
通	通		化	化		
통할 **통**	통할 **통**		될 **화**	될 **화**		

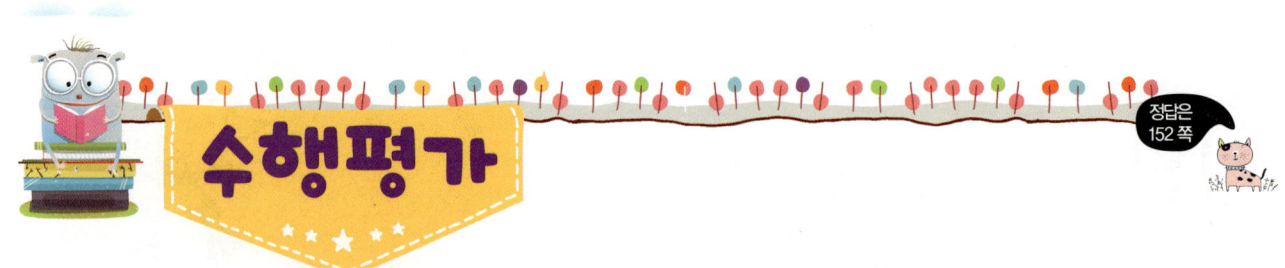

수행평가

다음 한자(漢字)의 훈(訓)과 음(音)을 찾아 그 번호를 쓰시오.

1. 親 (   )   ① 볼 견   ② 새로울 신   ③ 볼 시   ④ 친할 친
2. 化 (   )   ① 될 화   ② 불 화   ③ 꽃 화   ④ 화목할 화

다음의 훈(訓)과 음(音)에 맞는 한자(漢字)를 찾아 그 번호를 쓰시오.

3. 통할 통 (   )   ① 通   ② 男   ③ 親   ④ 過
4. 참 진 (   )   ① 奉   ② 初   ③ 眞   ④ 交

다음의 뜻에 맞는 한자어(漢字語)를 고르시오.

5. 어떤 일의 참된 모습이나 내용 (   )   ① 眞心   ② 眞相   ③ 最初   ④ 道德
6. 다닐수 있게 트인 길 (   )   ① 交信   ② 家道   ③ 文化   ④ 通路

다음 글을 읽고 한자어(漢字語)의 독음(讀音)을 쓰시오.

7. 이 도자기는 고려청자 眞品(   )입니다.
8. 우리 동네는 交通(   )이 매우 편리합니다.

다음 글을 읽고 물음에 답하시오.

9. 다음 중 '化'와 음(音)이 같은 한자(漢字)를 고르시오. (   )
   ① 石   ② 花   ③ 草   ④ 里

10. 다음 □ 안에 공통으로 들어갈 수 있는 한자(漢字)를 고르시오. (   )

    文□,　□合,　□石

    ① 花   ② 學   ③ 化   ④ 親

展 펼 전

尸부 7획 (총10획)

展 中 zhǎn

죽은(尸) 풀(卄)이 쓰러져 펴지고 넓게 되니(𧘇) '펼 전'
- 尸(주검 시, 몸 시), 卄 = 艸(풀 초),
𧘇[변화할 화, 될 화(化)의 변형]

- **展**示(전시) : 늘어놓고 일반에게 보임. (示:보일 시)
  - 문화재가 **展**示(전시)되어 있는 박물관을 견학하였습니다.

- **展**開(전개) : 펼침. 열려서 펼쳐짐. (開:열 개)
  - 눈 앞에 멋진 풍경이 **展**開(전개) 되었습니다.

所 곳, 바 소

尸부 4획 (총8획)

所 中 suǒ

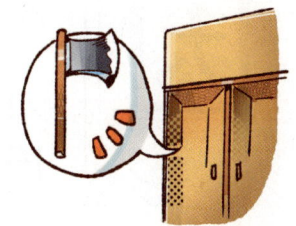

집(戶)에서 도끼(斤)를 보관한 곳이니 '바 소', '장소 소'
- 戶(집 호, 문 호), 斤(도끼 근)

- **所**用(소용) : 이익이나 쓸모가 있는 것. (用:쓸 용)
  - 우리가 없으면 **所**用(소용)이 없습니다.

- **所**重(소중) : 매우 귀중함. (重:무거울 중)
  - '시간은 금이다.'라는 말은 시간의 **所**重(소중)함을 가르치는 격언입니다.

展 展 展 展 展 展 展 展 展 展					所 所 所 所 所 所 所 所				
展	展				所	所			
펼 전	펼 전				곳, 바 소	곳, 바 소			

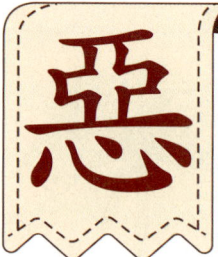

악할 악, 더러울 오

心부 8획 (총12획)

惡　中 ě, è, wù

에워싼(亞)→亞→亞
→心→心　惡

최선이 아닌 다음(亞)을 생각하는 마음(心)이니
'악할 악', '더러울 오'
• 亞(버금 아, 다음 아), 心(마음 심)

뜻 활용

• 惡化(악화) : 나쁘게 변하여 감. (化:될 화)
  – 싸움은 감정을 惡化(악화) 시킵니다.

• 惡寒(오한) : 몸이 오슬오슬 춥고 떨리는 증상. (寒:찰 한)
  – 감기로 惡寒(오한)과 두통이 일어났습니다.

인할 인

口부 3획 (총6획)

因　中 yīn

囗→大→因

에워싼(囗) 큰(大) 울타리에 말미암아 의지하니
'인할 인', '의지할 인'
• 囗(에울 위), 大(큰 대)

뜻 활용

• 因習(인습) : 이전부터 전하여 몸에 밴 풍습. (習:익힐 습)
  – 잘못된 因習(인습)은 고쳐야 합니다.

• 因果(인과) : 원인과 결과. (果:열매 과)
  – 어떤 일이든 因果(인과)관계가 있습니다.

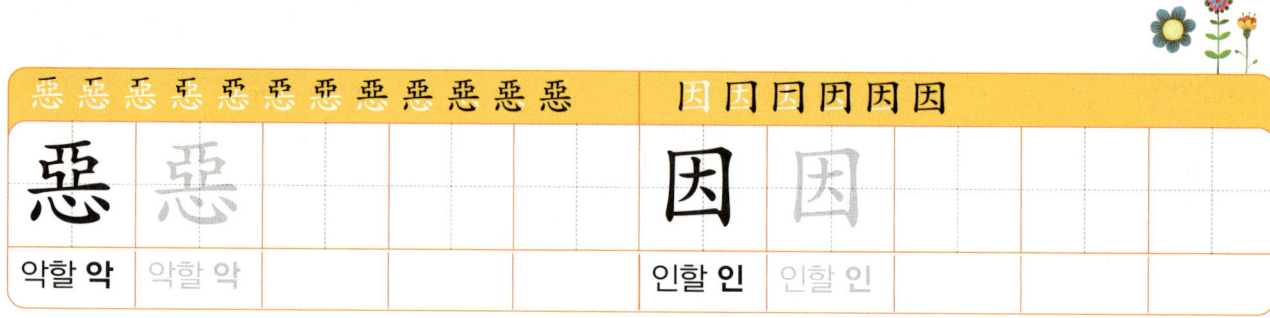

황금사과나무   4. 황금사과의 비밀

 기를, 받들 **양**

食부 6획 (총15획)

养   中 yǎng   동의어 育(기를 육)

   양(羊)을 밥(食) 먹여 기르니 '기를 양'
• 羊(양 양), 食(밥 식, 먹을 식)

- **敎養(교양)** : 학문이나 지식 등에 의한 수양. (敎:가르칠 교)
  — 독서를 하면 지식을 얻는 한편 **敎養(교양)**도 쌓을 수 있습니다.
- **養女(양녀)** : 입양하여 자식으로 삼은 딸. (女:여자 녀)
  — 그 아이는 부모님이 돌아가시자 어느 집 **養女(양녀)**로 입양되었습니다.

 맺을 **결**

糸부 6획 (총12획)

结   中 jiē, jié

   실(糸)로 좋게(吉) 맺으니 '맺을 결'
• 糸(실 사), 吉(길할 길, 상서로울 길)

- **結婚(결혼)** : 남녀가 혼인을 함. (婚:혼인할 혼)
  — 삼촌은 다음달에 **結婚(결혼)**을 합니다.
- **結論(결론)** : 최종 판단을 내림. 맺음말. (論:논의할 논)
  — 두 사람은 쉽사리 **結論(결론)**을 내리지 못하였습니다.

養養養養養養養養養養養養	結結結結結結結結結結結結
養 養	結 結
기를 양 기를 양	맺을 결 맺을 결

수행평가

🐦 다음 한자(漢字)의 훈(訓)과 음(音)을 찾아 그 번호를 쓰시오.

1. 因 (   )   ① 인할 인   ② 인정할 인   ③ 곤할 곤   ④ 될 화
2. 惡 (   )   ① 은혜 혜   ② 바랄 희   ③ 악할 악   ④ 기를 양

🐦 다음의 훈(訓)과 음(音)에 맞는 한자(漢字)를 찾아 그 번호를 쓰시오.

3. 곳 소 (   )   ① 家   ② 化   ③ 展   ④ 所
4. 펼 전 (   )   ① 通   ② 展   ③ 養   ④ 婚

🐦 다음의 뜻에 맞는 한자어(漢字語)를 고르시오.

5. 늘어 놓고 일반에게 보임 (   )   ① 展望   ② 展示   ③ 展市   ④ 所重
6. 나쁘게 이용함 (   )   ① 惡用   ② 最惡   ③ 惡心   ④ 惡名

🐦 다음 글을 읽고 한자어(漢字語)의 독음(讀音)을 쓰시오.

7. 어떤 일의 결과는 반드시 原因 (   )이 있습니다.
8. 식물이 잘 자라기 위해서는 養分 (   )이 필요합니다.

🐦 다음 글을 읽고 물음에 답하시오.

9. 다음 중 '養'과 음(音)이 같은 한자(漢字)를 고르시오. (   )
   ① 洋   ② 化   ③ 惠   ④ 展

10. 다음 □ 안에 공통으로 들어갈 수 있는 한자(漢字)를 고르시오. (   )

    □老, □育, □成

    ① 展   ② 惡   ③ 養   ④ 因

혼인할 혼

女부 8획 (총11획)

婚 中 hūn

 婚

신부(女)는 저문(昏) 저녁에 맞이했으니 '혼인할 혼'
• 女(계집 녀), 昏(저물 혼)

- **婚**禮式(혼례식) : 결혼식. (禮:예절 례, 式:법 식)
  - 전통 **婚**禮式(혼례식)을 보려면 두 시에 전통 가옥으로 가야합니다.

- **婚**事(혼사) : 혼인에 관한 일. (事:일 사)
  - 지난주에는 이모댁에 **婚**事(혼사)가 있었습니다.

경사 경

心부 11획 (총15획)

计 中 qìng

慶 → 慶 → 慶

사슴(严) 한(一)마리씩 들고 축하하는 마음(心)으로
천천히(夊) 모여드니 '경사 경'
• 严(사슴 록(鹿)의 변형), 夊(천천히 걸을 쇠, 뒤져올 치)

- 國**慶**日(국경일) : 나라의 경사스러운 날. (國:나라 국, 日:날 일)
  - 학교 도서실은 國**慶**日(국경일)이나 공휴일에는 문을 열지 않습니다.

- **慶**事(경사) : 기쁜 일. (事:일 사)
  - 이웃의 **慶**事(경사)에도 모두가 한마음으로 축하를 해 줍니다.

婚 婚 婚 婚 婚 婚 婚 婚 婚 婚 婚					慶 慶 慶 慶 慶 慶 慶 慶 慶 慶 慶				
婚	婚				慶	慶			
혼인할 혼	혼인할 혼				경사 경	경사 경			

수행평가

다음 한자(漢字)의 훈(訓)과 음(音)을 찾아 그 번호를 쓰시오.

1. 婚 (   ) ① 맺을 결   ② 혼인할 혼   ③ 말씀 화   ④ 인할 인
2. 慶 (   ) ① 경사 경   ② 일 사   ③ 기를 양   ④ 펼 전

다음의 훈(訓)과 음(音)에 맞는 한자(漢字)를 찾아 그 번호를 쓰시오.

3. 경사 경 (   ) ① 路   ② 陽   ③ 慶   ④ 婚
4. 혼인할 혼 (   ) ① 養   ② 因   ③ 所   ④ 婚

다음의 뜻에 맞는 한자어(漢字語)를 고르시오.

5. 남녀가 혼인을 함 (   ) ① 結婚   ② 結末   ③ 展示   ④ 養女
6. 기쁜 일 (   ) ① 慶事   ② 慶福   ③ 眞相   ④ 希望

다음 글을 읽고 한자어(漢字語)의 독음(讀音)을 쓰시오.

7. 셋째 왕자와 아름다운 소녀가 結婚(   )을 하였습니다.
8. 다리가 불편한 그 아이가 마라톤을 완주하는 慶事(   )가 났습니다.

다음 글을 읽고 물음에 답하시오.

9. 다음 중 '慶'과 음(音)이 같은 한자(漢字)를 고르시오. (   )
   ① 京   ② 前   ③ 望   ④ 市
10. 다음 □ 안에 공통으로 들어갈 수 있는 한자(漢字)를 고르시오.
    □事, 國□日, 大□   (   )
    ① 通   ② 因   ③ 慶   ④ 展

단원평가

🐦 다음 한자(漢字)의 훈(訓)과 음(音)을 쓰시오.

1. ① 通 (   )   ② 展 (   )

🐦 다음 보기와 같이 뜻에 맞는 한자어(漢字語)를 쓰시오.

> 보기 매우 중하고 필요함 (소중) - (所重)

2. 쓰이는 바 (소용) ➡

3. 양 딸, 데려다 기른 딸 (양녀) ➡

🐦 다음 글을 읽고 물음에 답하시오.

4. 다음 한자(漢字)의 독음(讀音)이 서로 다른 것을 고르시오. (   )
   ① 化 - 火   ② 展 - 示   ③ 所 - 少   ④ 養 - 羊

5. 다음 중 뜻이 서로 상대되는 것끼리 짝지어진 한자어(漢字語)를 고르시오. (   )
   ① 因果   ② 結婚   ③ 養女   ④ 展示

6. 다음 중 뜻이 서로 비슷한 것끼리 짝지어진 것을 고르시오. (   )
   ① 養育   ② 所重   ③ 文化   ④ 養分

🐦 다음의 뜻에 맞는 한자(漢字)를 <보기>에서 골라 사자성어(四字成語)를 완성하시오.

> 보기 手 不 他 見

7. 혼자의 힘으로 큰 성공을 함. ➡ 自 ○ 成 家

8. 다른 사람의 하찮은 언행이 자기의 행실을 닦는데 도움이 됨.
   ➡ ○ 山 之 石

🐦 다음의 어원(語原)에 해당하는 한자(漢字)를 고르시오.

9. '집에서 도끼를 보관한 곳'을 뜻함. (   )
   ① 家   ② 所   ③ 展   ④ 室

10. '서 있는 나무를 돌보듯 자식을 보살피는 분'을 뜻함. (   )
    ① 親   ② 通   ③ 養   ④ 示

한자어를 만들어요

지금까지 배운 한자(漢字)를 이용하여 한자어(漢字語)를 만들어 볼까요?
보기와 같이 한자어를 만들고 그 뜻(訓)을 간단히 적어봅시다.

보기

所 + 用 → 所用 소용 무엇에 쓰임, 필요.
所 + 有 → 所有 소유 자기의 것으로 가짐.

通 + 路
通 + 路

結 + 婚
結 + 合

化 + 合
化 + 石

밤마다 우는 카나리아

QR을 찍으면 구연동화로
재생 됩니다.

- '밤마다 우는 카나리아'와 관련한 한자를 공부해 봅시다.
- 이야기를 읽고 나도 부모님의 뜻을 어긴 적은 없나 되돌아 봅시다.

밤만 되면 새장안에서 슬피 우는 카나리아가 있었습니다.

그 곁에 함께 **머무르고[留 (유,류)]** 있던 박쥐가 이유를 묻자 카나리아는 그 사연을 말하였습니다. 카나리아는 깊은 산 속에서 부모님의 사랑을 받으며 부러울 것 없이 살았습니다. 부모님은 어린 카나리아에게 늘 말씀하셨습니다.

"카나리아야, 산 아래쪽에 가면 사냥꾼이 너를 잡아갈지도 몰라. 그러니까 산 아래로 내려가면 안된다."

카나리아가 **初期**(초기)에는 부모님의 가르침을 잘 듣
초기 : 어떤 기간의 처음이 되는 때나 기간

다가, 차츰 멀리 나가 노는 버릇이 생겼습니다. 부모님이 걱정하여 애타게 불러도 대답도 하지 않을 때도 있었습니다. 그러던 어느날 예쁜 새를 잡아다 팔아서 **生計**(생계)를 이어가는 사냥꾼의 그물에 걸리고 말았습니다. 사냥꾼은 카나
생계 : 어렵게 살림을 해 나가는 일

리아를 보며 말했습니다.

"정말 예쁘구나! 이 새는 배를 타고 나가서 비싸게 팔아야 겠다."

카나리아는 예쁜 새장에 넣어진 채로 배에 태워졌습니다. 船上(선상)에서 그동안의 일을 돌이켜[反(반)]보며 후회했지만 새장을 빠져나가는 것이 急先務(급선무)입니다. 그러나 아무리 노력을 해도 카나리아의 힘으로는 빠져 나올 수가 없었습니다. 결국 큰 도시에 이르러[到(도)] 카나리아는 官家(관가)에서 일하는 사람의 집에 팔렸습니다.

선상: 배의 갑판 위
급선무: 가장 먼저 해야 할 일
관가: 옛날에 나라 일을 보던 관청

"부모님, 저의 잘못을 百拜(백배) 사죄합니다. 제발 저를 구해주세요."

백배: 여러 번 절을 함

한 句(구)절 한 句(구)절, 애절하게 노래하며 우는 것입니다. 부모님의 우리들에 대한 사랑은 끝이 없는 반면, 우리들은 그 고마움을 모릅니다. 現代(현대)에 와서 더더욱 어버이날만의 一回(일회)로 그치는 효도가 아닌 최선을 다하여 부모님을 공경하는 자세를 가져야 하겠습니다.

현대: 근대 이후부터 오늘날의 시대

새로 배운 한자
- 留 머무를 류(유)
- 期 기약할 기
- 計 셈할 계
- 船 배 선
- 反 돌이킬 반
- 務 힘쓸, 일 무
- 到 이를 도
- 官 벼슬 관
- 拜 절 배
- 句 글귀 구
- 現 나타날 현
- 回 돌아올 회

이미 배운 한자
- 初 처음 초
- 生 날 생
- 上 윗 상
- 急 급할 급
- 先 먼저 선
- 家 집 가
- 百 일백 백
- 代 대신할 대
- 一 한 일

留 머무를 류(유)

田부 5획 (총10획)

留 中 liú

🕳田 → 留 → 留

왕성하게 (卯)하게 일하려고 밭(田)에 머무르니 '머무를 류'
• 卯(왕성할 묘, 넷째 지지 묘, 토끼 묘), 田(밭 전)

- 留學(유학) : 외국에 머물러 공부함. (學:배울 학)
  - 형은 중국으로 留學(유학)을 떠났습니다.
- 留意(유의) : 주의하여 관심을 가짐. 유심(留心). (意:뜻 의)
  - 어린이는 자전거를 탈 때 안전에 留意(유의)하여야 합니다.

期 기약할 기

月부 8획 (총12획)

期 中 qī

其 → 其 → 期
  月

그(其) 달(月)이 차고 이지러진 것을 보고 기간을 정하고 기약했으니 '기약할 기', '기간 기'
• 其(그 기), 月(달 월)

- 期日(기일) : 정해 놓은 날. (日:날 일)
  - 期日(기일)이 되기 전에 빚을 갚았습니다.
- 初期(초기) : 어떤 기간의 처음이 되는 때나 기간. (初:처음 초)
  - 할아버지께서 건강검진을 통해 암이 初期(초기)에 발견되었다고 합니다.

留留留留留留留留留					期期期期期期期期期期期期				
留	留				期	期			
머무를 류	머무를 류				기약할 기	기약할 기			

計 셈할 계

言부 2획 (총9획)

计 中 jì

말(言)로 많이(十) 셈하고 꾀하니 '셈할 계', '꾀할 계'
- 言(말씀 언), 十(열 십, 많을 십)

- **計**算(계산) : 물건의 수효나 중량 등을 셈. (算:셈할 산)
  – 물건을 사고 **計**算(계산)을 하였습니다.
- 生**計**(생계) : 어렵게 살림을 해 나가는 일. (生:날 생)
  – 우리 사회에는 부모 없이 生**計**(생계)를 책임져야하는 소년소녀 가장이 있습니다.

船 배 선

舟부 5획 (총11획)

船 中 chuán

배(舟)를 늪(㕣)에도 다니도록 만드니 '배 선'
- 舟(배 주), 㕣(산 속 늪 연)

- **船**長(선장) : 배에 탄 승무원의 우두머리. (長:길 장)
  – **船**長(선장)의 인심이 후합니다.
- **船**上(선상) : 배의 갑판 위. (上:위 상)
  – **船**上(선상) 위에서 파도가 치는 모습을 보았습니다.

計	計				
셈할 계	셈할 계				

船	船				
배 선	배 선				

수행평가

🐦 다음 한자(漢字)의 훈(訓)과 음(音)을 찾아 그 번호를 쓰시오.

1. 期 (　　) ① 기약할 기　② 책상 안　③ 가장 최　④ 바랄 망

2. 船 (　　) ① 배 선　② 먼저 선　③ 셈할 계　④ 머무를 유

🐦 다음의 훈(訓)과 음(音)에 맞는 한자(漢字)를 찾아 그 번호를 쓰시오.

3. 배 선　(　　) ① 時　② 星　③ 船　④ 計

4. 기약할 기 (　　) ① 留　② 計　③ 敬　④ 期

🐦 다음의 뜻에 맞는 한자어(漢字語)를 고르시오.

5. 배에 탄 승무원의 우두머리 (　　) ① 船主　② 船長　③ 船內　④ 船路

6. 바라고 기다리던 때 (　　) ① 時期　② 期年　③ 期間　④ 期日

🐦 다음 글을 읽고 한자어(漢字語)의 독음(讀音)을 쓰시오.

7. 현장 학습을 갈 때에 선생님의 말씀을 특히 留意 (　　)하여 들어야 합니다.

8. 우리 반 아이들이 한 달동안 읽은 책의 合計 (　　)는 100권이 넘습니다.

🐦 다음 글을 읽고 물음에 답하시오.

9. 다음 중 '期'와 음(音)이 같은 한자(漢字)를 고르시오. (　　)
　① 留　② 技　③ 時　④ 計

10. 다음 중 '留'와 어울리는 한자(漢字)를 고르시오. (　　)
　① 期　② 學　③ 手　④ 反

反 돌이킬 반
又부 2획 (총4획)

反 ㊥ fǎn

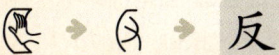 가린 것(厂)을 손(又)으로 뒤집어 거꾸로 하니 '돌이킬 반', '뒤집을 반' • 厂('굴 바위 엄'이나 여기서는 덮어 가린 모습으로 봄), 又(오른손 우, 또 우)

- **反**感(반감) : 다른 사람의 의견에 반대함. 싫어하는 감정. (感:느낄 감)
  - 지나친 꾸중은 아이의 **反**感(반감)을 살 수 있습니다.
- **反**對(반대) : 사물이 아주 상반됨. 의견이나 생각이 같지 않음. (對:대답할 대)
  - **反**對(반대)쪽 구멍에는 꿀을 발랐습니다.

務 힘쓸, 일 무
力부 9획 총11획)

务 ㊥ wù

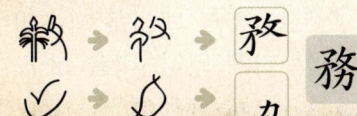 창(矛)으로 적을 치듯이(攵) 힘(力) 쓰니 '힘쓸 무'
• 矛(창 모), 攵(칠 복), 力(힘 력)

- 事**務**(사무) : 책상에서 문서를 다루는 일. (事:일 사)
  - 새로운 事**務**(사무)를 맡게 되었습니다.
- 急先**務**(급선무) : 가장 먼저 해야 할 일. (急:급할 급, 先:먼저 선)
  - 사고가 났을 때는 원인을 파악하는 것이 急先**務**(급선무)입니다.

到 이를 도

刂(刀)부 6획 (총8획)

到 中 dào

무사히 목적지에 이르도록(至) 위험을 대비하여 칼(刀)을 가지고 가니 '이를 도'
• 至(이를 지, 지극할 지), 刂 = 刀(칼 도)

- 到達(도달) : 목적한 곳이나 수준에 다다름. (達:통할 달)
  - 산의 정상에 到達(도달) 하였습니다.

- 到着(도착) : 목적지에 다다름. (着:다다를 착)
  - 기차가 역에 到着(도착) 하였습니다.

官 벼슬 관

宀부 5획 (총8획)

官 中 guān   반의어 民(백성 민)

(옛날에) 집(宀)이 높은 언덕(𠂤)에 있으면 주로 백성을 다스리는 관청이었으니 '관청 관', 또 관청에 근무하게 되니 '벼슬 관'
• 𠂤 ['쌓일 퇴, 언덕 퇴'의 획 줄임]

- 官家(관가) : 옛날에 나라 일을 보던 관청. (家:집 가)
  - 거짓말장이는 官家(관가)에서 나온 포졸들에게 잡혀갔습니다.

- 官軍(관군) : 나라의 군대. (軍:군사 군)
  - 官軍(관군)이 성을 굳게 지켰습니다.

到到到到到到到到								官官官官官官官官							
到	到							官	官						
이를 도	이를 도							벼슬 관	벼슬 관						

拜

절 배
手부 5획 (총9회)

拜 中 bài

拜 → 拜 → 拜

손(手)과 손(手)을 하나(一)로 모아 절하니 '절 배'
• 手(손 수, 재주 수, 재주 있는 사람 수)

• 歲拜(세배) : 섣달 그믐이나 정초의 인사. (歲:해 세)
  – 설에는 차례를 지낸 뒤에 웃어른께 歲拜(세배)를 드립니다.
• 參拜(참배) : 경의나 추모의 뜻으로 하는 절. (參:참여할 참)
  – 현충일을 맞아 국립묘지에 가서 參拜(참배)를 하였습니다.

句

글귀 구
ク부 3획 (총5획)

句 中 jù

句 → 句 → 句

입(口)으로 읽을 만큼 싸(ク)놓으니 '글귀 구'
• ク(쌀 포), 口(입 구)

• 句節(구절) : 한 토막의 글이나 말. (節:마디 절)
  – 마음에 드는 한 句節(구절)의 글이 있었습니다.
• 句法(구법) : 글을 구성하는 방법. (法:법 법)
  – 글을 쓸 때에는 句法(구법)에 맞게 써야 합니다.

拜 拜 拜 拜 拜 拜 拜 拜 拜				句 句 句 句 句			
拜	拜			句	句		
절 배	절 배			글귀 구	글귀 구		

73

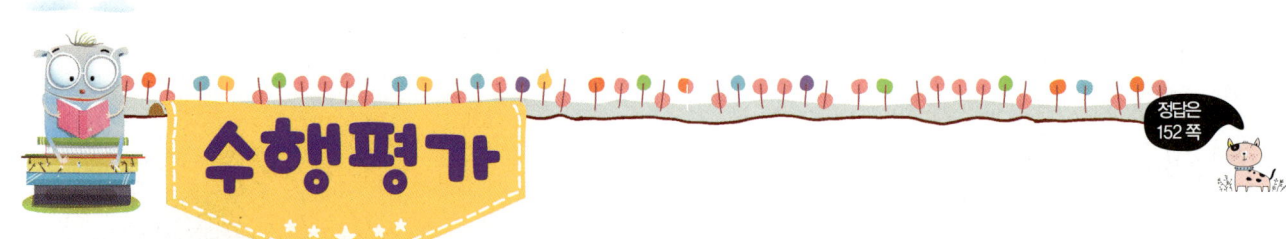

수행평가

🐤 **다음 한자(漢字)의 훈(訓)과 음(音)을 찾아 그 번호를 쓰시오.**

1. 務 (　　) ① 이를 도　② 힘쓸 무　③ 셈할 계　④ 일 사

2. 官 (　　) ① 머무를 유　② 동산 원　③ 바랄 망　④ 벼슬 관

🐤 **다음의 훈(訓)과 음(音)에 맞는 한자(漢字)를 찾아 그 번호를 쓰시오.**

3. 이를 도 (　　) ① 拜　② 務　③ 到　④ 反

4. 글귀 구 (　　) ① 期　② 計　③ 留　④ 句

🐤 **다음의 뜻에 맞는 한자어(漢字語)를 고르시오.**

5. 책상에서 문서를 다루는 일 (　　) ① 事務　② 生界　③ 事無　④ 希望

6. 다른 사람의 의견에 반대함 (　　) ① 反共　② 反毛　③ 反感　④ 反問

🐤 **다음 글을 읽고 한자어(漢字語)의 독음(讀音)을 쓰시오.**

7. 지난 해 수해 때에는 官民 (　　)이 합동이 되어 힘을 모았습니다.

8. 머지 않아 평화 통일의 시기가 到來 (　　)할 것입니다.

🐤 **다음 글을 읽고 물음에 답하시오.**

9. 다음 중 '務'와 음(音)이 같은 한자(漢字)를 고르시오. (　　)
   ① 無　② 計　③ 到　④ 官

10. 다음 중 '句'와 음이 같은 한자(漢字)를 고르시오. (　　)
    ① 拜　② 九　③ 官　④ 回

現 나타날 현

玉(王)부 7획 (총11획)

现 ㊥ xiàn

구슬(王)을 갈고 닦으면 이제 바로 무늬가 보이고(見) 나타나니 '나타날 현'
- 王(임금 왕, 구슬 옥 변), 見(볼 견, 뵐 현)

- 現實(현실) : 실제로 존재하는 사실. (實:열매 실)
  - 미래에는 상상하지 못한 일들이 現實(현실)로 다가올 것입니다.
- 現代(현대) : 근대 이후부터 오늘날의 시대. (代:대신할 대)
  - 現代(현대)에는 의술이 발달하였습니다.

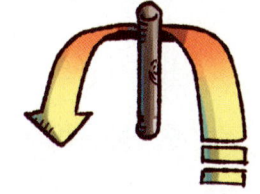

回 돌아올 회

口부 3획 (총6획)

回 ㊥ huí

축을 중심으로 돌아가는 모양에서 '돌 회'
- 口(에울 위)

- 回想(회상) : 지나간 일을 돌이켜 생각함. (想:생각 상)
  - 부모님은 내가 태어났을 때를 回想(회상)하시며 즐거워하십니다.
- 一回(일회) : 한 번. (一:한 일)
  - 새로 개업한 미용실에서는 홍보를 위해 一回(일회) 무료 이용권을 제공하였습니다.

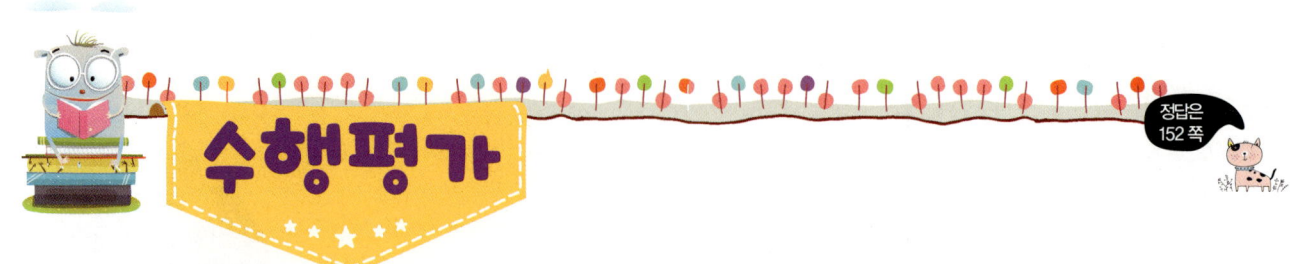

수행평가

🐤 다음 한자(漢字)의 훈(訓)과 음(音)을 찾아 그 번호를 쓰시오.

1. 回 (   ) ① 돌아올 회 ② 돌아올 복 ③ 낯 면 ④ 절 배
2. 現 (   ) ① 볼 견 ② 나타날 현 ③ 이를 도 ④ 힘쓸 무

🐤 다음의 훈(訓)과 음(音)에 맞는 한자(漢字)를 찾아 그 번호를 쓰시오.

3. 나타날 현 (   ) ① 信 ② 愛 ③ 反 ④ 現
4. 돌아올 회 (   ) ① 句 ② 回 ③ 官 ④ 期

🐤 다음의 뜻에 맞는 한자어(漢字語)를 고르시오.

5. 지금의 이 시대 (   ) ① 現代 ② 現金 ③ 現行 ④ 白米
6. 물음에 대답함 (   ) ① 回心 ② 回船 ③ 回答 ④ 回路

🐤 다음 글을 읽고 한자어(漢字語)의 독음(讀音)을 쓰시오.

7. 모든 상가에서 現金 (   ) 영수증을 발행합니다.
8. 과학 시간에 전기 回路 (   )에 대하여 공부하였습니다.

🐤 다음 글을 읽고 물음에 답하시오.

9. 다음 중 '現'과 어울리는 한자(漢字)를 고르시오. (   )
   ① 見 ② 回 ③ 地 ④ 口

10. 다음 □ 안에 공통으로 들어갈 수 있는 한자(漢字)를 고르시오.
    □代, □行, □金   (   )
    ① 計 ② 反 ③ 期 ④ 現

- 다음 한자(漢字)의 훈(訓)과 음(音)을 쓰시오.

  1. ① 計 (   )   ② 到 (   )

- 다음 보기와 같이 뜻에 맞는 한자어(漢字語)를 쓰시오.

  보기: 오직 한 번만 일어나는 성질 (일회성) – (一回性)

  2. 마음을 돌이킴. (회심) ➡
  3. 살아갈 방도. (생계) ➡

- 다음 글을 읽고 물음에 답하시오.

  4. 다음 한자(漢字)의 독음(讀音)이 서로 <u>다른</u> 것을 고르시오. (   )
     ① 期 – 氣   ② 船 – 選   ③ 到 – 交   ④ 務 – 無

  5. 뜻이 서로 상대되는 것끼리 짝지어진 한자어(漢字語)를 고르시오. (   )
     ① 船主   ② 合計   ③ 官民   ④ 現代

  6. 다음 중 '船'과 음이 같은 한자(漢字)를 고르시오. (   )
     ① 先   ② 計   ③ 期   ④ 官

- 다음의 뜻에 맞는 한자(漢字)를 〈보기〉에서 골라 사자성어(四字成語)를 완성하시오.

  보기: 家 不 無 反

  7. 차마 눈 뜨고 볼 수 없음. ➡ 目 ◯ 忍 見
  8. 한집 한집, 집집마다. ➡ 家 ◯ 戶 戶

- 다음의 어원(語原)에 해당하는 한자(漢字)를 고르시오.

  9. '구슬을 갈고 닦으면 이제 바로 무늬가 보이고 나타남'을 뜻함. (   )
     ① 他   ② 現   ③ 計   ④ 反

  10. '축을 중심으로 돌아가는 모양'을 뜻함. (   )
      ① 船   ② 拜   ③ 官   ④ 回

한자어 만들기

아래와 같이 비누방울 속의 한자(韓字)를 묶어서 아래의 뜻에 어울리는 한자어(韓字語)를 만들고 음(音)을 써 보시오.

留 生 反
學 計 面
初
期

뜻	한자어	음
앞에 말한 것과 다름	反面	반면
맨 처음이 시작되는 시기		
살아가는 방도		
외국에 머무르면 공부함		

밤마다 우는 카나리아

4-2 단계

효성이 지극한 젊은이

 1. 낚시질하는 젊은이   80
 2. 앞 못보는 어머니에 대한 효성   94
 3. 한임금님이 효자에게 내린 명령   108
 4. 효도의 고장   122

아름다운 화해를 이룬 효도

136

1 낚시질하는 젊은이

QR을 찍으면 구연동화로 재생 됩니다.

- '낚시질하는 젊은이' 이야기와 관련한 한자를 공부해 봅시다.
- 젊은이가 생선을 팔지 않는 까닭을 생각하여 봅시다.

조선 시대 숙종 임금님은 백성들의 불편함이 없도록 **民心**(민심)을 잘 살피
민심 : 백성의 마음

는 분이었습니다. **休日**(휴일)에도 쉬지 않고 신분을 숨기고 허름한 평상복
휴일 : (일요일이나 공휴일 같이) 일을 하지 않고 쉬는 날

차림으로 다니시며 백성들의 소리를 귀담아 들으셨습니다.

어느날 숙종 임금님은 하루 **終日**(종일) 걷다가 **湖水**(호수) 가 있는 마
종일 : 아침부터 밤까지, 하루동안   호수 : 육지 내부에 넓고 깊게 물이 괴어 있는 곳

을에 당도하였습니다. 날은 저물어 **水平線**(수평선) 너머로 해가 넘어
수평선 : 하늘과 바다가 맞닿아 경계를 이루고 있는 것처럼 보이는 선

가고 있었습니다. 그 아름다움에 잠시 취해 있다가 꽁꽁 얼어

있는 호수 한 가운데 멀리 사람의 모습이 보이는 것을

보고 깜짝 놀랐습니다.

살림이 어려운 **漁夫**(어부)가 추운 날씨에도 불
어부 : 고기잡이를 업으로 하는 사람

구하고 고기잡이를 나온 것이라고 생각하고 불렀습

니다. 가까이 온 젊은이는 차림은 허름하지만 얼굴

表情(표정)이 반듯하여 好感(호감)이 갔습니다. 임금님은 젊은이에게 추
표정 : 감정이나 정서를 드러냄   호감 : 좋게 느끼는 감정

운 날씨에 낚시질을 하는 理由(이유)가 궁금하여 넌지시 물었습니다.
이유 : 어떤 행동을 하게 된 까닭이나 근거

"젊은이, 내가 달라는 대로 돈을 줄 터이니 그 고기들을 내게 팔게!"

"송구하지만 제가 추운 날씨에 낚시질을 하는 것은 돈을 벌기 위함이 아니라 귀한

분을 대접하기 위하여 必要(필요)하기 때문입니다."
필요 : 꼭 소용되는 바가 있음

라고 하며 거절을 하는 것입니다.

백성 민

氏부 1획 (총5획)

民 中 mín

한(一) 나라를 이루는 여러 씨(氏)족들이니 '백성 민'
- 氏(성 씨, 뿌리 씨)

- 民俗(민속) : 민족의 풍습. (俗:풍속 속)
  – 추석 날 여러가지 民俗(민속) 놀이를 합니다.
- 民心(민심) : 백성의 마음. (心:마음 심)
  – 왕은 民心(민심)을 두루 살펴야 합니다.

쉴 휴

亻(人)부 4획 (총6획)

休 中 xiū

사람(亻)이 나무(木) 옆에서 쉬니 '쉴 휴'
- 亻 = 人(사람 인), 木(나무 목)

- 公休日(공휴일) : 공적으로 정해진 휴일. (公:공평할 공, 日:날 일)
  – 公休日(공휴일)에는 상가들이 문을 열지 않습니다.
- 休校(휴교) : 학교가 쉬는 것. (校:학교 교)
  – 어제 밤에 많은 비가 내려 오늘은 休校(휴교)령이 내려졌습니다.

民民民民民					休休休休休休				
民	民				休	休			
백성 민	백성 민				쉴 휴	쉴 휴			

終 마칠 종

糸부 5획 (총11획)

终 中 zhōng

 (누에 같은 벌레가) 실(糸) 뽑아 집 짓는 일은 겨울(冬)이 되기 전에 마치니 '마칠 종'
• 糸(실 사, 실 사 변), 冬(겨울 동)

- 終日(종일) : 아침부터 밤까지. 하루동안. (日:날 일)
  – 친구들과 하루 終日(종일) 돌아다니다 방금 집에 들어왔습니다.
- 終點(종점) : 마지막 도착하는 지점. (點:점찍을 점)
  – 버스 정류장을 지나쳐서 終點(종점)까지 갔습니다.

湖 호수 호

氵(水)부 9획 (총12획)

湖 中 hú

 물(氵)이 오랜(古) 세월(月) 고여 있으니 '호수 호'
• 氵= 水(물 수), 古(오랠 고, 옛 고), 月(달 월, 육 달 월)

- 湖水(호수) : 육지 내부에 위치, 깊게 물이 괴어 있는 곳. (水:물 수)
  – 湖水(호수)위에 백조가 한가로이 놀고 있습니다.
- 湖南(호남) : 전라 남북도를 일컫는 말. (南:남녘 남)
  – 외가에 갈 때에는 湖南(호남)고속도로를 따라갑니다.

終終終終終終終終終終終	湖湖湖湖湖湖湖湖湖湖湖
終 終	湖 湖
마칠 종 마칠 종	호수 호 호수 호

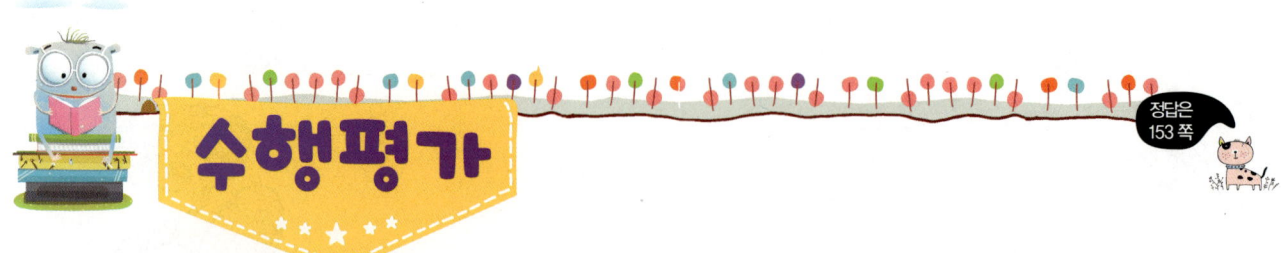

수행평가

다음 한자(漢字)의 훈(訓)과 음(音)을 찾아 그 번호를 쓰시오.

1. 終 (　　) ① 무거울 중 ② 호수 호 ③ 백성 민 ④ 마칠 종
2. 休 (　　) ① 몸 체 ② 쉴 휴 ③ 기를 육 ④ 받들 봉

다음의 훈(訓)과 음(音)에 맞는 한자(漢字)를 찾아 그 번호를 쓰시오.

3. 호수 호 (　　) ① 海 ② 洋 ③ 湖 ④ 終
4. 백성 민 (　　) ① 文 ② 民 ③ 米 ④ 忠

다음의 뜻에 맞는 한자어(漢字語)를 고르시오.

5. 육지에 위치한 넓고 깊게 물이 고인 곳 (　　) ① 湖水 ② 海水 ③ 海洋 ④ 氷水
6. 시에 사는 주민 (　　) ① 時民 ② 邑民 ③ 市民 ④ 面民
7. 학교에서 수업과 업무를 쉼 (　　) ① 休教 ② 休校 ③ 教育 ④ 休學

다음 글을 읽고 한자어(漢字語)의 독음(讀音)을 쓰시오.

8. 오빠는 군대에 가기 위해 休學(　　)을 하였습니다.

다음 글을 읽고 물음에 답하시오.

9. 다음 중 '湖'와 부수(部首)가 같은 한자(漢字)를 고르시오. (　　)

    ① 幸　　② 海　　③ 好　　④ 古

10. 다음 □ 안에 공통으로 들어갈 수 있는 한자(漢字)를 고르시오.

    國□, □主, □生　　　　　　(　　)

    ① 人　　② 首　　③ 休　　④ 民

효성이 지극한 젊은이

線

선, 줄 선

糸부 9획 (총15획)

线　中 xiàn

실(糸)이 샘(泉)의 물줄기처럼 길게 이어지니 '줄 선'
- 糸(실 사), 泉(샘 천)

- 水平線(수평선) : 하늘과 바다가 맞닿아 경계를 이루고 있는 것처럼 보이는 선. (水:물 수, 平:평평할 평)
  - 水平線(수평선) 너머로 해가 저물고 있습니다.
- 車線(차선) : 차가 지나가게 된 길. (車:수레 차, 거)
  - 자동차는 車線(차선)을 잘 지켜야 합니다.

漁

어부, 고기잡을 어

氵(水)부 11획 (총14획)

渔　中 yú

물(氵)에서 물고기(魚)를 잡으니 '고기 잡을 어'
- 氵= 水(물 수), 魚(물고기 어)

- 漁夫(어부) : 고기잡이를 업으로 하는 사람. (夫:사내 부)
  - 漁夫(어부)들은 배를 타고 바다에 나가 고기를 잡습니다.
- 漁村(어촌) : 어부들이 모여 사는 마을. (村:마을 촌)
  - 고기잡이를 주로 하며 사는 곳을 漁村(어촌)이라고 합니다.

| 線 | 線 | 線 | 線 | 線 | 線 | 線 | 線 | 線 | 線 | 線 | 線 | 漁 | 漁 | 漁 | 漁 | 漁 | 漁 | 漁 | 漁 | 漁 | 漁 | 漁 | 漁 |

線	線					漁	漁			
줄 선	줄 선					고기잡을 어	고기잡을 어			

 겉 표

衣부 3획 (총8획)

表 中 biǎo

 옷(衣)에 흙(土)이 묻은 쪽이니 '겉 표'
· 衣(옷 의), 土(흙 토)

- 表紙(표지) : 책이나 노트 따위의 겉장. (紙:종이 지)
  − 동화책의 表紙(표지)그림이 매우 귀엽습니다.
- 表情(표정) : 감정이나 정서를 드러냄. (情:뜻 정)
  − 지영이는 기쁜 일이 있는지 表情(표정)이 매우 밝습니다.

 좋을 호

女부 3획 (총6획)

好 中 hǎo, hào

여자(女)가 자식(子)을 안고 좋아하니 '좋을 호'
· 女(여자 녀), 子(아들 자)

- 好奇心(호기심) : 신기한 것에 끌림. (奇:기이할 기, 心:마음 심)
  − 아이들의 눈은 好奇心(호기심)으로 반짝이기 시작했습니다.
- 好感(호감) : 좋게 느끼는 감정. (感:느낄 감)
  − 웃는 얼굴은 好感(호감)이 느껴집니다.

表表表表表表表表					好好好好好好				
表	表				好	好			
겉 표	겉 표				좋을 호	좋을 호			

효성이 지극한 젊은이

理 다스릴 리(이)

玉(王)부 7획 (총11획)

理 ㊥ lǐ

왕(王)이 마을(里)을 이치에 맞게 다스리니
'다스릴 리', '이치 리'
- 王(임금 왕, 구슬 옥 변), 里(마을 리, 거리 리)

- 道理(도리): 사람으로서 지켜야 할 길. (道:길 도)
  – 사람의 道理(도리)를 다해야 마음이 떳떳합니다.
- 理論(이론): 논리가 통하는 생각. (論:논의할 론)
  – 오늘 미술 시간에는 理論(이론) 수업만 했습니다.

由 말미암을 유

田부 0획 (총5획)

由 ㊥ yóu

밭(田)에 씨앗을 뿌림으로 말미암아 싹(丨)이 나니
'말미암을 유'

- 由來(유래): 사물의 내력. (來:올 래)
  – 사자성어의 由來(유래)를 알면 뜻을 보다 쉽게 알 수 있습니다.
- 理由(이유): 어떤 행동을 하게 된 까닭이나 근거. (理:다스릴 리)
  – 이 마을의 초등학교는 학생 수가 적다는 理由(이유)로 폐교되었습니다.

理理理理理理理理理理理				由由由由由			
理	理			由	由		
다스릴 리	다스릴 리			말미암을 유	말미암을 유		

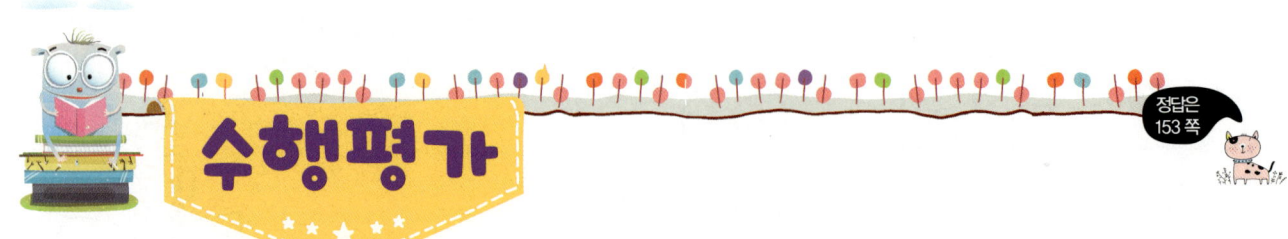

수행평가

🐦 다음 한자(漢字)의 훈(訓)과 음(音)을 찾아 그 번호를 쓰시오.

1. 表 (   ) ① 겉 표   ② 종이 지   ③ 낮 주   ④ 쉴 휴
2. 線 (   ) ① 굽을 곡 ② 마칠 종   ③ 좋을 호 ④ 줄 선

🐦 다음의 훈(訓)과 음(音)에 맞는 한자(漢字)를 찾아 그 번호를 쓰시오.

3. 좋을 호 (   ) ① 海   ② 好   ③ 湖   ④ 洋
4. 다스릴 리 (   ) ① 終   ② 線   ③ 理   ④ 由

🐦 다음의 뜻에 맞는 한자어(漢字語)를 고르시오.

5. 부드럽게 굽은 선 (   ) ① 車線   ② 曲線   ③ 直線   ④ 路線
6. 책이나 노트의 겉장 (   ) ① 表紙   ② 表地   ③ 表志   ④ 表知
7. 좋게 느끼는 감정 (   ) ① 好事   ② 同好   ③ 湖感   ④ 好感

🐦 다음 글을 읽고 한자어(漢字語)의 독음(讀音)을 쓰시오.

8. 自由 (   )는 누구에게나 소중한 것입니다.

🐦 다음 글을 읽고 물음에 답하시오.

9. 다음 중 '好'와 음(音)이 같은 것을 고르시오. (   )
   ① 海   ② 花   ③ 活   ④ 湖

10. 다음 □ 안에 공통으로 들어갈 수 있는 한자(漢字)를 고르시오.

    □來, 事□, 理□   (   )

    ① 由   ② 田   ③ 漁   ④ 表

88 효성이 지극한 젊은이

효성이 지극한 젊은이 1. 낚시질하는 젊은이

必 반드시 필
心부 1획 (총5획)

必 中 bì

하나(丿)에만 매달리는 마음(心)이니 '반드시 필'
- 丿(삐침 별), 心(마음 심)

뜻
- 必**要**(필요) : 꼭 소용이 됨. (要:반드시 요)
  - 대부분의 식물은 햇빛을 必要(필요)로 합니다.

활용
- 必**讀**(필독) : 반드시 읽어야 함. (讀:읽을 독)
  - 이번 방학에는 必讀(필독) 도서를 모두 읽을 계획입니다.

要 반드시 요
襾부 3획 (총9획)

要 中 yāo, yào

덮어(襾) 가림이 여자(女)에게는 중요하고 필요하니 '필요할 요', '반드시 요'
- 襾(덮을 아), 女(여자 녀)

뜻
- 要**求**(요구) : 강력히 청하여 구함. (求:구할 구)
  - 우리들의 要求(요구)사항을 교장선생님께서 들어주셨습니다.

활용
- 要**因**(요인) : 주요한 원인. (因:까닭 인, 인할 인)
  - 왼손잡이는 유전적 要因(요인)에 의하여 결정됩니다.

必	必	必	必	必
必	必			
반드시 필	반드시 필			

要	要	要	要	要	要	要	要
要	要						
반드시 요	반드시 요						

1. 낚시질하는 젊은이

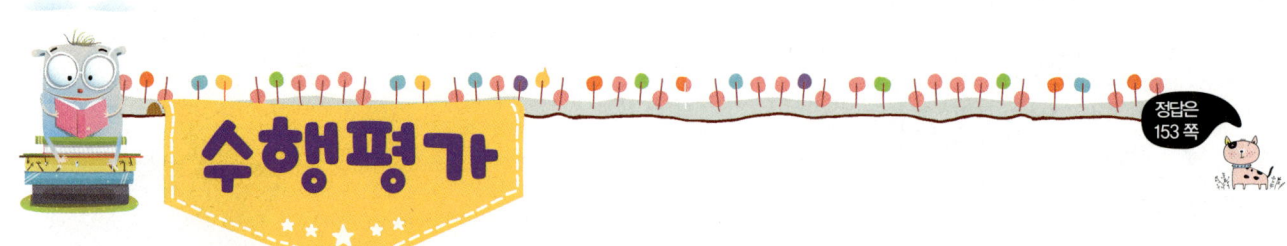

수행평가

다음 한자(漢字)의 훈(訓)과 음(音)을 찾아 그 번호를 쓰시오.

1. 必 (   ) ① 반드시 필 ② 호수 호 ③ 줄 선   ④ 겉 표
2. 要 (   ) ① 어부 어   ② 쉴 휴   ③ 반드시 요 ④ 다스릴 이

다음의 훈(訓)과 음(音)에 맞는 한자(漢字)를 찾아 그 번호를 쓰시오.

3. 반드시 요 (   ) ① 必   ② 求   ③ 好   ④ 要
4. 반드시 필 (   ) ① 要   ② 必   ③ 心   ④ 表

다음의 뜻에 맞는 한자어(漢字語)를 고르시오.

5. 강력히 청하여 구함 (   ) ① 重要 ② 要人 ③ 要求 ④ 強要
6. 꼭 소용이 됨   (   ) ① 必要 ② 重心 ③ 必死 ④ 必然
7. 반드시 읽어야 함   (   ) ① 必死 ② 必勝 ③ 必讀 ④ 必有

다음 글을 읽고 한자어(漢字語)의 독음(讀音)을 쓰시오.

8. 학생들은 학년에 맞게 읽어야 하는 必讀(   )도서가 있습니다.

다음 글을 읽고 물음에 답하시오.

9. 다음 중 '湖'와 음(音)이 같은 한자(漢字)를 고르시오. (   )

   ① 好   ② 理   ③ 樂   ④ 表

10. 다음 □ 안에 공통으로 들어갈 수 있는 한자(漢字)를 고르시오.
    強□, □人, □望   (   )
    ① 必   ② 表   ③ 要   ④ 希

단원평가

🐦 다음 한자(漢字)의 훈(訓)과 음(音)을 쓰시오.

1. ① 民 (   )   ② 湖 (   )

🐦 다음 보기와 같이 뜻에 맞는 한자어(漢字語)를 채우고 음(音)을 쓰시오.

보기 아버지와 아들 – (父 子) – (부자)

2. 꼭 소용이 됨. – ◯要 – (   )

3. 고기를 잡는 사람 – ◯夫 – (   )

4. 두 점 사이를 이은 곧은 줄 – 直◯ – (   )

🐦 다음 글을 읽고 물음에 답하시오.

5. 다음 한자(漢字)의 독음(讀音)이 <u>다른</u> 것끼리 짝지어진 것을 고르시오. (   )
   ① 期 – 氣   ② 船 – 選   ③ 到 – 交   ④ 務 – 無

6. 다음 중 나머지 셋과 음(音)이 다른 한자(漢字)를 고르시오. (   )
   ① 耳   ② 理   ③ 二   ④ 由

7. 다음 중 뜻이 서로 비슷한 것끼리 짝지어진 것을 고르시오. (   )
   ① 必要   ② 自由   ③ 好感   ④ 表示

8. 다음 중 '必'과 어울리는 한자(漢字)를 고르시오. (   )
   ① 服   ② 要   ③ 現   ④ 親

🐦 다음의 어원(語原)에 해당하는 한자(漢字)를 고르시오.

9. '사람이 나무 밑에서 쉬는 모습'을 나타냄. (   )
   ① 終   ② 民   ③ 休   ④ 湖

🐦 <보기>에서 한자(漢字)를 찾아 끝말잇기를 해 보시오.

보기 由 生 求 現

10. 必要 – 要(   ) – (   )人 – 人(   )

꼬불 꼬불 길찾아가기

찬일이는 친구와 함께 학교에 갑니다. 갈림길에 서 있는 한자어(漢字語)를 읽고 바른 음(音)을 따라가면 목적지에 도착할 수 있습니다.

聞一知十
들을**문** 한**일** 알**지** 열**십**

'하나를 들으면 열을 앎'으로, 한 가지를 듣고 미루어 열 가지를 안다는 말.

2 앞 못보는 어머니에 대한 효성

QR을 찍으면 구연동화로 재생 됩니다.

- '앞 못보는 어머니' 이야기와 관련한 한자를 공부해 봅시다.
- 젊은이의 효성에 대한 나의 생각을 말해 봅시다.

임금님은 젊은이의 집에서 하룻밤 자기를 청하였습니다. 그리고는 젊은이의 행동을 유심히 지켜보았습니다. 젊은이는 집안이 가난하여 **書堂**(서당)에서 가르침을 받은 적도 없었고 성현들의 책을 접할 기회도 없었습니다. 그러나 자신의 **意志**(의지)가 뚜렷하고 매사에 깊은 **眼目**(안목)을 지니고 **賢明**(현명)하고 신중하게 행동을 취하였습니다.

서당 : 한문을 가르치던 글방
의지 : 어떤 목적을 실현하려는 마음
안목 : 사물의 가치를 판단하거나 분별하는 능력
현명 : 어질고 사리에 밝음

집안에는 앞을 못 보는 어머니가 계셨습니다. 잡아 온 고기로 반찬을 만들더니 어머니의 숟가락에 정성스레 놓아 드렸습니다. **婦人**(부인)과 아들도 곁에서 조용히 수발을 드는 모습은 아무런 **黑心**(흑심)없이 효성을 다하는 아름다운 마음이

부인 : 결혼한 여자
흑심 : 음흉하고 부정한 욕심이 많은 마음

드러나 보였습니다. 어머니의 식사가 다 끝난 후에

"저녁이 늦어서 죄송합니다. 앞을 못 보시는 저희 어머님은 생선을 무척 좋아하십니다. 그래서 조금 전 생선을 팔아드리지 못한 것입니다."

하며 손님의 상을 보아서 내어 놓았습니다. 그리고 나서 남은 음식으로 세 식구가 늦은 저녁 식사를 하였습니다. 그리고는 손을 꼭 붙들고 추운 날씨에 어머니의 體溫(체온)을 살폈습니다.
체온 : 몸의 온도

임금님은 젊은이의 효성을 公表(공표)해서 사람들로 하여금 본 받도록 해야겠다고 생각하였습니다. 이 젊은이의 효성심과 가족을 위하여 부지런히
공표 : 세상에 널리 알림

勞動(노동)을 아끼지 않는 점과 뛰어난 낚시질 재주[才(재)]
노동 : 몸을 움직여 일을 함

에 대한 所聞(소문)은 이전부터 온 마을에 자자하였습니다.
소문 : 전하여 들리는 말

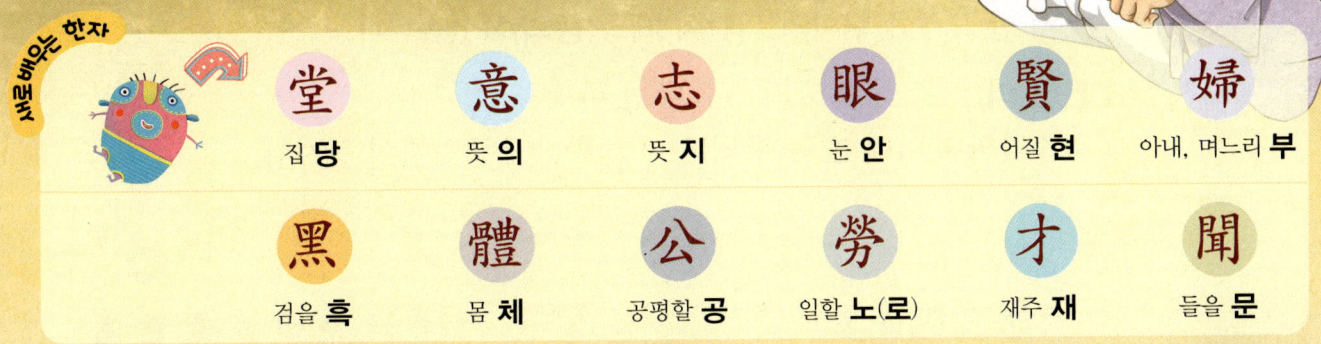

堂	意	志	眼	賢	婦
집 당	뜻 의	뜻 지	눈 안	어질 현	아내, 며느리 부
黑	體	公	勞	才	聞
검을 흑	몸 체	공평할 공	일할 노(로)	재주 재	들을 문

| 書 | 目 | 明 | 人 | 心 | 溫 | 表 | 動 | 所 |
| 글 서 | 눈 목 | 밝을 명 | 사람 인 | 마음 심 | 따뜻할 온 | 겉 표 | 움직일 동 | 곳, 바 소 |

 집 **당**

土부 8획 (총11획)

堂 中 táng

 높이(尙) 흙(土)을 다져 세운 집이니 '집 당'
• 尙(오히려 상, 높을 상, 숭상할 상), 土(흙 토)

- 食**堂**(식당) : 음식을 파는 집. (食:밥 식)
  - 영수네 어머니께서는 食**堂**(식당)을 운영하십니다.
- 書**堂**(서당) : 한문을 가르치던 글방. (書:글 서)
  - 옛날에는 書**堂**(서당)에서 한문을 배웠습니다.

 뜻 **의**

心부 9획 (총13획)

意 中 yì

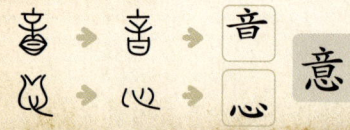 소리(音)를 듣고 생각되는 마음(心)이니 '뜻 의'
• 音(소리 음), 心(마음 심)

- 同**意**(동의) : 의견을 같이함. (同:한가지 동)
  - 우리 반 모두 동현이의 의견에 同**意**(동의)하였습니다.
- 主**意**(주의) : 주 되는 요지. (主:주인 주)
  - 말소리의 길이에 主**意**(주의)하며 정확하게 발음하여 봅시다.

堂堂堂堂堂堂堂堂堂堂堂						意意意意意意意意意意意意意					
堂	堂					意	意				
집 당	집 당					뜻 의	뜻 의				

효성이 지극한 젊은이

 2. 앞 못보는 어머니에 대한 효성

 뜻 **지**
心부 3획 (총7획)

志 ⊕ zhì

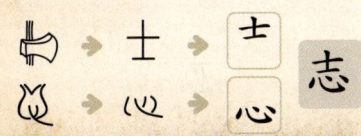 志

선비(士)의 마음(心)에는 뜻이 있으니 '뜻 지'
- 士(선비 사), 心(마음 심)

- **意志**(의지) : 어떤 목적을 실현하려는 마음. (意:뜻 의)
  - 이번 일은 내 **意志**(의지)와 상관없이 벌어진 일입니다.
- **同志**(동지) : 같은 뜻을 지닌 사람. (同:한가지 동)
  - 독립운동 **同志**(동지)들이 무사한 것이 다행이라 생각했습니다.

 눈 **안**
目부 6획 (총11획)

眼 ⊕ yǎn

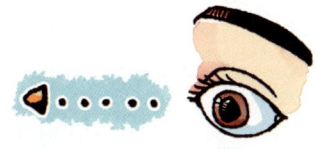

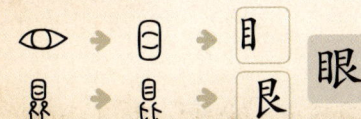 眼

눈(目)동자를 멈추고(艮) 바라보는 것이니 '눈 안'
- 目(눈 목, 볼 목, 항목 목), 艮(어긋날 간, 멈출 간)

- **眼科**(안과) : 눈의 질병을 예방하고 치료하는 분야. (科:과목 과)
  - 눈이 아파서 **眼科**(안과)에 다녀왔습니다.
- **眼目**(안목) : 사물의 가치를 판단하거나 분별하는 능력. (目:눈 목)
  - 주원이는 물건을 고르는 **眼目**(안목)이 뛰어납니다.

志志志志志志志							眼眼眼眼眼眼眼眼眼眼眼											
志	志						眼	眼											
뜻 지	뜻 지						눈 안	눈 안											

수행평가

다음 한자(漢字)의 훈(訓)과 음(音)을 찾아 그 번호를 쓰시오.

1. 堂 (   ) ① 집 당 ② 마땅할 당 ③ 집 실 ④ 집 가
2. 意 (   ) ① 옳을 의 ② 뜻 정 ③ 뜻 의 ④ 옳을 가

다음의 훈(訓)과 음(音)에 맞는 한자(漢字)를 찾아 그 번호를 쓰시오.

3. 눈 안 (   ) ① 安 ② 內 ③ 眼 ④ 目
4. 뜻 지 (   ) ① 意 ② 志 ③ 情 ④ 心

다음의 뜻에 맞는 한자어(漢字語)를 고르시오.

5. 의견을 같이 함 (   ) ① 善意 ② 主意 ③ 意見 ④ 同意
6. 음식을 파는 집 (   ) ① 書堂 ② 食堂 ③ 飮食 ④ 明堂
7. 어떤 목적을 실현하려는 마음 (   ) ① 意志 ② 同志 ③ 同知 ④ 衣志

다음 글을 읽고 한자어(漢字語)의 독음(讀音)을 쓰시오.

8. 肉眼(   )으로 볼 수 없는 것을 현미경을 통해서 볼 수 있습니다.

다음 글을 읽고 물음에 답하시오.

9. 다음 중 '眼'과 음(音)이 같은 한자(漢字)를 고르시오. (   )

   ① 目   ② 示   ③ 安   ④ 明

10. 다음 □ 안에 공통으로 들어갈 수 있는 한자(漢字)를 고르시오.

    □見, 善□, 同□   (   )

    ① 知   ② 心   ③ 意   ④ 志

효성이 지극한 젊은이 **2. 앞 못보는 어머니에 대한 효성**

어질 현
貝부 8획 (총15획)
贤 中 xián

 賢

신하(臣)처럼 또(又) 돈(貝) 벌어 봉사하니 '어질 현'
• 臣(신하 신), 又(오른손 우, 또 우), 貝(조개 패, 재물 패)

- 賢明(현명) : 어질고 사리에 밝음. (明:밝을 명)
  - 賢明(현명)한 사람은 남의 의견을 존중합니다.
- 賢人(현인) : 어진 사람. (人:사람 인)
  - 賢人(현인)은 지혜롭고 어진 사람입니다.

아내, 며느리 부
女부 8획 (총11획)
妇 中 fù

 婦

여자(女)가 비(帚)를 들고 있으니, 집 일을 하는 아내나 며느리를 뜻하여 '아내 부', '며느리 부'
• 女(여자 녀), 帚(비 추)

- 新婦(신부) : 곧 결혼할 여자, 새 색시. (新:새로울 신)
  - 新婦(신부)가 키도 크고 얼굴도 무척 예뻤습니다.
- 婦人(부인) : 결혼한 여자. (人:사람 인)
  - 婦人(부인)들끼리 모여 일하는 모습이 아름답습니다.

| 賢 | 賢 | 賢 | 賢 | 賢 | 賢 | 賢 | 賢 | 賢 | 賢 | 賢 | 賢 | 賢 | 婦 | 婦 | 婦 | 婦 | 婦 | 婦 | 婦 | 婦 | 婦 | 婦 |

賢	賢					婦	婦				
어질 현	어질 현					며느리 부	며느리 부				

2. 앞 못보는 어머니에 대한 효성 99

 검을 **흑**

黑부 0획 (총12획)

黑 中 hēi

쯩 → 黑 → 黑 구멍 뚫린 굴뚝에 불을 때면 검게 그을리니 '검을 흑'

- 黑色(흑색) : 검은색. (色:빛 색)
  - 바닷가에 다녀온 뒤로 얼굴이 黑色(흑색)에 가깝게 탔습니다.
- 黑心(흑심) : 음흉하고 부정한 마음. (心:마음 심)
  - 黑心(흑심)을 품은 사람은 가까이 하지 말아야 합니다.

 몸 **체**

骨부 13획 (총23획)

体 中 tǐ

뼈(骨)마디로 풍성하게(豊) 이루어진 것이니 '몸 체'
- 骨(뼈 골), 豊(풍성할 풍)

- 體育(체육) : 몸을 강건하게 하는 교육. (育:기를 육)
  - 나는 體育(체육) 시간이 가장 즐겁습니다.
- 體溫(체온) : 몸의 온도. (溫:따뜻할 온)
  - 병원에 도착하자마자 體溫(체온)을 쟀습니다.

黑黑黑黑黑黑黑黑黑黑黑黑						體體體體體體體體體體體體體					
黑	黑					體	體					
검을 흑	검을 흑					몸 체	몸 체					

 효성이 지극한 젊은이

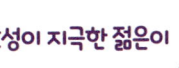 2. 앞 못보는 어머니에 대한 효성

公 공평할, 공변될 공

八부 2획 (총4획)

公 中 gōng

나눔(八)에 사사로움(厶) 없이 공정하니 '공평할 공'
• 八(여덟 팔, 나눌 팔), 厶(사사 사, 나 사)

뜻 활용

- **主人公**(주인공) : 어떤 일의 중심이 되는 사람. (主:주인 주, 人:사람 인)
  – 지수는 이번 연극의 **主人公**(주인공)이 되었습니다.

- **公表**(공표) : 세상에 널릴 알림. (表:겉 표)
  – 국회에서 개정된 법을 **公表**(공표)하였습니다.

勞 일할 로(노)

力부 10획 (총12획)

勞 中 láo

불(火)과 불(火)에 덮인(冖) 듯 힘(力)써서 일하니 '일할 로'
• 火(불 화), 冖(덮을 멱), 力(힘 력)

뜻 활용

- **過勞**(과로) : 일을 너무해서 피곤함. (過:지날 과)
  – 아버지께서는 **過勞**(과로)로 입원하셨습니다.

- **勞動**(노동) : 몸을 움직여 일을 함. (動:움직일 동)
  – 우리나라에 외국인 **勞動**(노동)자들이 많아졌습니다.

公 公 公 公						勞勞勞勞勞勞勞勞勞勞勞勞					
公	公					勞	勞				
공평할 공	공평할 공					일할 로	일할 로				

2. 앞 못보는 어머니에 대한 효성 101

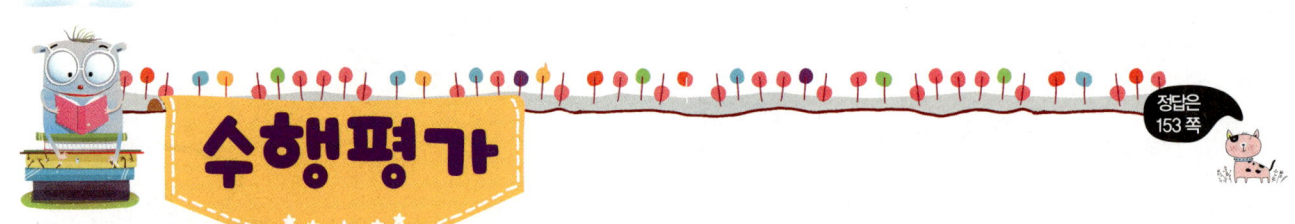

수행평가

다음 한자(漢字)의 훈(訓)과 음(音)을 찾아 그 번호를 쓰시오.

1. 體 (   ) ① 몸 신   ② 기를 양   ③ 몸 체   ④ 뜻 지
2. 婦 (   ) ① 며느리 부   ② 손자 손   ③ 남편 부   ④ 쓸 소

다음의 훈(訓)과 음(音)에 맞는 한자(漢字)를 찾아 그 번호를 쓰시오.

3. 어질 현 (   ) ① 善   ② 見   ③ 婦   ④ 賢
4. 검을 흑 (   ) ① 暗   ② 明   ③ 黑   ④ 色

다음의 뜻에 맞는 한자어(漢字語)를 고르시오.

5. 어질고 사리에 밝음 (   ) ① 先見   ② 高名   ③ 賢明   ④ 賢人
6. 남을 대하는 면목 (   ) ① 體育   ② 體面   ③ 體身   ④ 身體

다음 글을 읽고 물음에 답하시오.

7. 다음 중 '婦'와 어울리는 한자(漢字)를 고르시오. (   )
   ① 人   ② 國   ③ 書   ④ 風

8. 다음 중 '賢'과 어울리는 한자(漢字)를 고르시오. (   )
   ① 堂   ② 奉   ③ 明   ④ 界

다음 글을 읽고 물음에 답하시오.

9. 다음 중 '公'과 음(音)이 다른 한자(漢字)를 고르시오. (   )
   ① 功   ② 空   ③ 共   ④ 曲

10. 다음 □ 안에 공통으로 들어갈 수 있는 한자(漢字)를 고르시오.

    □力, □育, □面   (   )

   ① 眼   ② 體   ③ 勞   ④ 公

2. 앞 못보는 어머니에 대한 효성

才 재주 재

才부 0획 (총3획)

才 ⓒ cái

땅(一)에 초목(亅)의 싹(丿)이 자라나듯이 사람에게도 그런 재주와 바탕이 있으니 '재주 재'
• 一 (한 일), 亅(갈고리 궐), 丿(삐침 별)

- 天才(천재) : 천부적으로 타고난 재주. (天:하늘 천)
  - 아인슈타인은 天才(천재) 과학자입니다.
- 才能(재능) : 재주와 능력. (能:능할 능)
  - 사람은 누구나 한가지 이상의 才能(재능)이 있습니다.

聞 들을 문

耳부 8획 (총14획)

闻 ⓒ wén

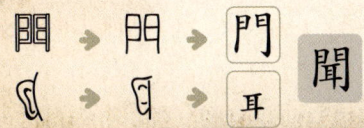

문(門)에 귀(耳) 대고 들으니 '들을 문'
• 門(문 문), 耳(귀 이)

- 所聞(소문) : 전하여 들리는 말. (所:바 소)
  - 所聞(소문)에 의하면 민우가 전학을 간다고 합니다.
- 見聞(견문) : 보고 들음 또는 그 지식. (見:볼 견)
  - 여행을 자주 하면 見聞(견문)이 넓어집니다.

才 才 才					聞聞聞聞聞聞聞聞聞聞聞聞聞聞					
才	才				聞	聞				
재주 재	재주 재				들을 문	들을 문				

2. 앞 못보는 어머니에 대한 효성 103

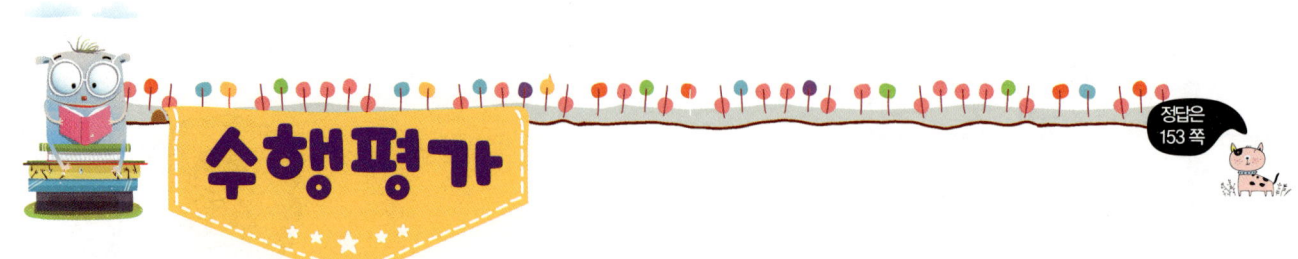

수행평가

🐦 다음 한자(漢字)의 훈(訓)과 음(音)을 찾아 그 번호를 쓰시오.

1. 聞 (   ) ① 물을 문   ② 들을 문   ③ 문 문   ④ 볼 견
2. 才 (   ) ① 재주 재   ② 뜻 정   ③ 뜻 의   ④ 옳을 가

🐦 다음의 훈(訓)과 음(音)에 맞는 한자(漢字)를 찾아 그 번호를 쓰시오.

3. 재주 재 (   ) ① 技   ② 勞   ③ 表   ④ 才
4. 들을 문 (   ) ① 問   ② 閑   ③ 聞   ④ 門

🐦 다음의 뜻에 맞는 한자어(漢字語)를 고르시오.

5. 보고 들은 지식 (   ) ① 所聞   ② 見聞   ③ 聞道   ④ 聞風
6. 천부적으로 타고 난 재주 (   ) ① 才士   ② 才色   ③ 才質   ④ 天才
7. 전하여 들리는 말 (   ) ① 所聞   ② 聞知   ③ 同知   ④ 意志

🐦 다음 글을 읽고 한자어(漢字語)의 독음(讀音)을 쓰시오.

8. 사람들은 내 얼굴이 才氣 (   )가 있어 보인다고 말합니다.

🐦 다음 글을 읽고 물음에 답하시오.

9. 다음 중 '聞'과 음(音)이 다른 한자(漢字)를 고르시오. (   )
   ① 問   ② 文   ③ 耳   ④ 門

10. 다음 ☐ 안에 공통으로 들어갈 수 있는 한자(漢字)를 고르시오.
    ☐士, ☐人, ☐色   (   )
    ① 文   ② 形   ③ 志   ④ 才

단원평가

🐦 **다음 한자(漢字)의 훈(訓)과 음(音)을 쓰시오.**

1. ① 眼 (　　　　) ② 黑 (　　　　)

🐦 **다음 보기와 같이 뜻에 맞는 한자어(漢字語)를 쓰시오.**

> 보기 가르치고 배움 – (敎 學) – (교학)

2. 목적이 뚜렷한 생각 – ◯志 – (　　　　)

3. 어진 어머니 – ◯母 – (　　　　)

🐦 **다음 글을 읽고 물음에 답하시오.**

4. 다음 한자(漢字)의 독음(讀音)이 다른 것끼리 짝지어진 것을 고르시오. (　　)
   ① 意 – 思   ② 堂 – 當   ③ 眼 – 安   ④ 公 – 功

5. 다음 중 뜻이 서로 상대되는 것끼리 짝지어진 한자어(漢字語)를 고르시오. (　　)
   ① 公平   ② 意思   ③ 賢人   ④ 夫婦

6. 다음 중 뜻이 서로 비슷한 것끼리 짝지어진 한자어(漢字語)를 고르시오. (　　)
   ① 體育   ② 暗黑   ③ 志士   ④ 意表

7. 다음 중 '聞'의 부수(部首)를 고르시오. (　　)
   ① 門   ② 文   ③ 耳   ④ 手

8. 다음 중 '公'과 어울리는 한자(漢字)를 고르시오. (　　)
   ① 聞   ② 體   ③ 平   ④ 婦

9. 다음 중 '聞'과 음이 같은 한자(漢字)를 고르시오. (　　)
   ① 奉   ② 門   ③ 減   ④ 理

🐦 **다음의 어원(語原)에 해당하는 한자(漢字)를 고르시오.**

10. '소리를 듣고 생각되는 마음'을 뜻함. (　　)
    ① 意   ② 平   ③ 由   ④ 好

같은 뜻 찾기

왼쪽에 있는 한자카드의 뜻을 찾아 줄로 이으세요.
그리고 오른쪽에서 같은 뜻을 가진 한자를 찾아 줄로 다시 이어 보세요.

意 · · 뜻 · · 家

體 · · 눈 · · 志

目 · · 집 · · 眼

堂 · · 몸 ·—· 身

今時初聞

이제 금　때 시　처음 초　들을 문

'이제 처음 들음'으로, 어떤 말을 처음 들을 때 쓰는 말.

2. 앞 못보는 어머니에 대한 효성

3 임금님이 효자에게 내린 명령

QR을 찍으면 구연동화로 재생 됩니다.

- 충의, 식견 등의 한자어 및 이야기 관련 한자를 공부해 봅시다.
- 임금님이 젊은이에게 나랏일을 맡긴 까닭을 이야기하여 봅시다.

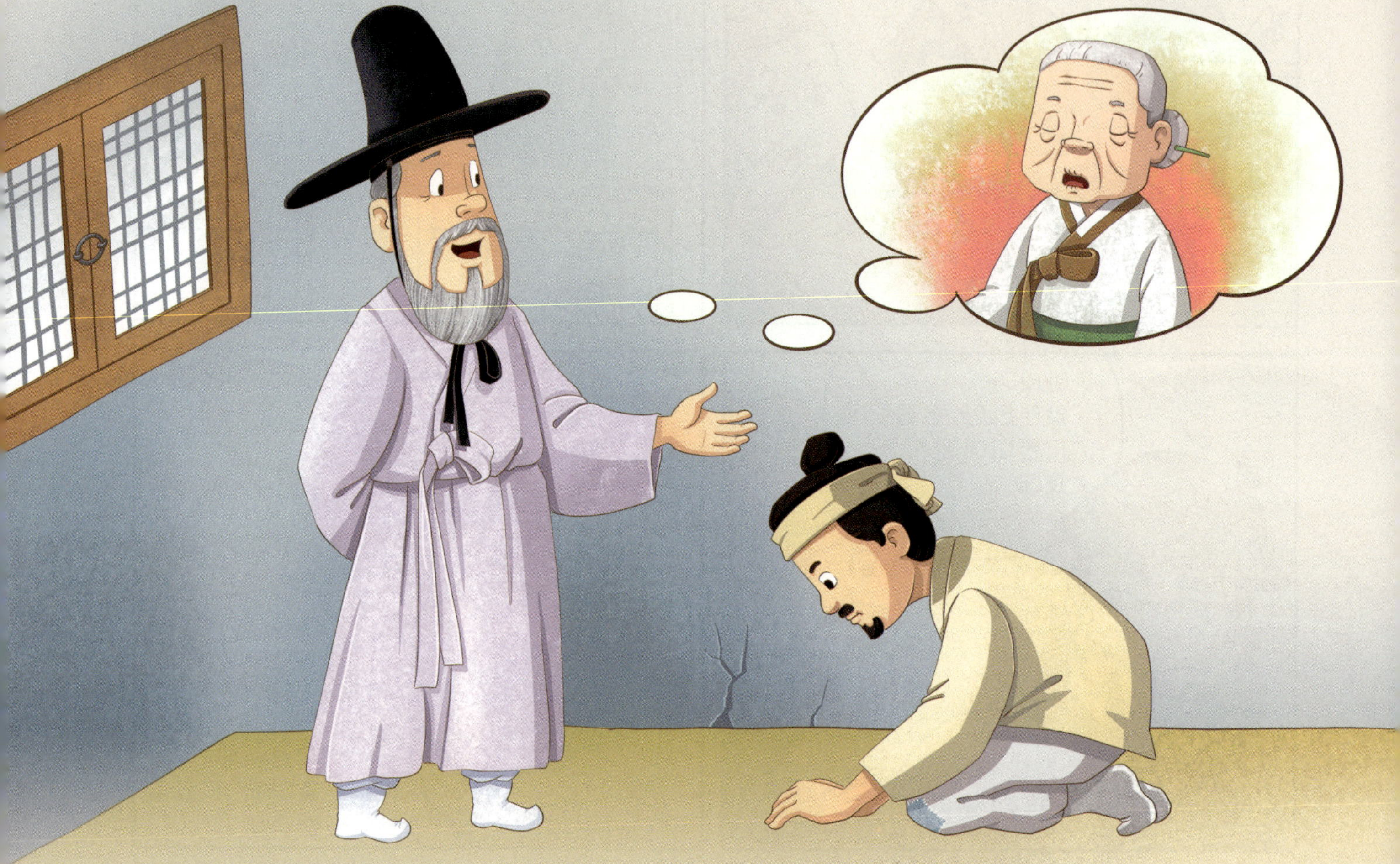

임금님은 그제야 자신의 신분을 젊은이에게 밝히면서 말하였습니다.

"나는 이 나라의 임금이라네. 예로부터 효자인 사람은 나라를 위한 忠義(**충의**)도 남다르다 했네! 자네에게 벼슬을 내릴 터이니 나라를 위해 일을 해 주게."

충의 : 임금이나 나라에 대한 충성스러운 마음

"제가 해야 할 도리를 다 한 것인데 과한 칭찬을 해 주시니 감사합니다. 저는 배운것도 없고 識見(**식견**)도 짧습니다. 너무도 큰 榮光(**영광**)이지만 워

식견 : 어떤 일을 판단하고 분별하는 능력

영광 : 빛나는 영예

낙 부족한 것이 많습니다."

"학식과 문벌이 좋다고 第一(제일)이 아니지. 부모의 고마움을 알고 섬길
제일 : 첫째, 최고

줄 아는 사람은 차후에 겨레와 民族(민족)도 소중히 여길 줄 안다. 그러므
민족 : 같은 핏줄을 이어받은 겨레, 사람

로 반드시 나를 돕도록 하여라!"

임금님은 한양으로 上京(상경)한 후에 젊은이의 효행을 세상에 公知(공
상경 : 시골에서 서울로 올라감   공지 : 일반 사람들에게 널리 알림

지)하고 賞(상)으로 많은 黃金(황금)도 보내며 어머니를 더욱 잘 섬기도록
황금 : 황색의 광택을 내는 금속, 돈이나 재물을 비유적으로 이르는 말

하였습니다. 이 이야기를 전해 들은 어머니는 아들에게 당부하셨습니다.

"지나친 사양도 임금님에 대한 불충이다. 그러므로

감사한 마음으로 벼슬 자리에 오르되 殺身成仁
살신성인 : 옳은 일을 위해 자기 몸을 희생하는 것

(살신성인)의 자세로 열심히 나라 일을 보아라! 그리

하여 임금님을 욕되지 않도록 하여라!"

忠 충성 충

心부 4획 (총8획)

忠 中 zhōng

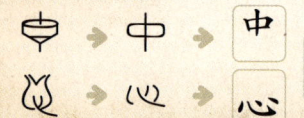

가운데(中)서 우러나는 마음(心)으로 대하니 '충성 충'
• 中(가운데 중), 心(마음 심)

- 忠告(충고) : 남의 잘못을 솔직히 타이름. (告:고할 고)
  - 용기 있는 사람은 남의 忠告(충고)를 받아들일 줄 압니다.
- 忠誠(충성) : 마음에서 우러나오는 정성. (誠:정성 성)
  - 진돗개는 주인에게 忠誠(충성)스러운 개입니다.

義 옳을 의

羊부 7획 (총13획)

义 中 yì

양(羊)처럼 내(我)가 행동하니 '옳을 의', '의로울 의'
• 羊(양 양), 我(나 아)

- 禮義(예의) : 경의를 표하는 예절과 몸가짐. (禮:예절 예)
  - 민우는 웃어른들께 禮義(예의)가 바른 아이입니다.
- 忠義(충의) : 충성스러운 마음. (忠:충성 충)
  - 임금님은 忠義(충의)로 뭉친 신하들이 있어서 든든했습니다.

忠忠忠忠忠忠忠忠				義義義義義義義義義義義義義				
忠	忠			義	義			
충성 충	충성 충			옳을 의	옳을 의			

효성이 지극한 젊은이

 3. 임금님이 효자에게 내린 명령

 알 **식**, 기록할 **지**

言부 12획 (총19획)

识 中 shí 동의어 知(알 지)

音→言→言
戠→戠→戠 識

말(言)이나 소리(音)를 창(戈)으로 알게 기록하니 '알 식', '기록할 지'
• 言(말씀 언), 音(소리 음), 戈(창 과)

 뜻 / 활용

- 有識(유식) : 학문이 있어 식견이 높음. (有:있을 유)
  – 할아버지는 有識(유식)하셔서 좋은 말씀을 많이 들려 주십니다.

- 標識(표지) : 표시나 특징으로 다른 것과 구분함. (標:표지 표)
  – 학교 앞 횡단보도에 경계 標識(표지)를 세웠습니다.

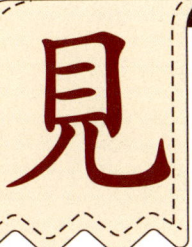 볼 **견**, 뵐 **현**

見부 0획 (총7획)

见 中 jiàn, xiàn

𦣻→見→見

눈(目)으로 사람(儿)이 보니 '볼 견', '뵐 현'
• 目(눈 목, 볼 목, 항목 목), 儿(사람 인 발, 어진 사람 인)

 뜻 / 활용

- 謁見(알현) : 지체 높은 사람을 찾아 뵙는 일. (謁:아뢸 알)
  – 선비는 대궐에 들어가 임금님을 謁見(알현) 하였습니다.

- 識見(식견) : 어떤 일을 판단하고 분별하는 능력. (識:알 식)
  – 識見(식견)을 넓히려면 많은 양의 독서가 필요합니다.

識識識識識識識識識識識識	見見見見見見見
識 識	見 見
알 식 알 식	볼 견 볼 견

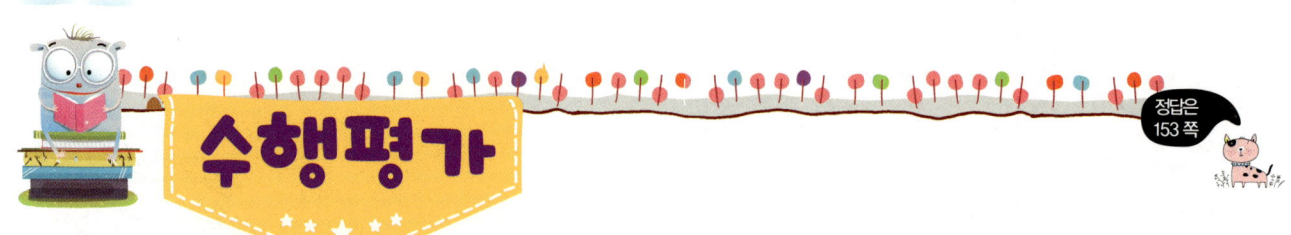

수행평가

● 다음 한자(漢字)의 훈(訓)과 음(音)을 찾아 그 번호를 쓰시오.

1. 義 (   ) ① 뜻 의   ② 옳을 의   ③ 볼 견   ④ 알 식
2. 忠 (   ) ① 붉을 적   ② 볼 견   ③ 충성 충   ④ 낮 오

● 다음의 훈(訓)과 음(音)에 맞는 한자(漢字)를 찾아 그 번호를 쓰시오.

3. 알 식 (   ) ① 識   ② 要   ③ 表   ④ 溫
4. 볼 견 (   ) ① 好   ② 聞   ③ 理   ④ 見

● 다음의 뜻에 맞는 한자어(漢字語)를 고르시오.

5. 남의 잘못을 솔직히 타이름 (   ) ① 忠古   ② 忠告   ③ 忠固   ④ 忠高
6. 학문이 있어 식견이 높음 (   ) ① 有食   ② 有植   ③ 無識   ④ 有識

● 다음 한자어(漢字語)의 독음(讀音)을 쓰시오.

7. 忠告 (   )를 해 주는 사람이 진정한 친구입니다.
8. 강화도로 見學 (   )을 갔습니다.

● 다음 글을 읽고 물음에 답하시오.

9. 다음 중 '義'와 음(音)이 같은 한자(漢字)를 고르시오. (   )

   ① 意   ② 志   ③ 正   ④ 手

10. 다음 □ 안에 공통으로 들어갈 수 있는 한자(漢字)를 고르시오.

    □聞, □學, 意□   (   )

    ① 志   ② 敎   ③ 見   ④ 忠

3. 임금님이 효자에게 내린 명령

영화 영
木부 10획 (총14획)
榮 中 róng

불(火)과 불(火)에 덮인(冖) 듯 나무(木)에 꽃이 피니 '영화 영'
• 火(불 화), 冖(덮을 멱), 木(나무 목)

- 榮光(영광) : 빛나는 영예. (光:빛 광)
  - 올림픽에서 양궁 분야가 금메달의 榮光(영광)을 차지하였습니다.
- 共榮(공영) : 서로 함께 번영함. (共:함께 공)
  - 세계의 共榮(공영)을 위하여 노력합니다.

차례 제
竹부 5획 (총11획)
第 中 dì

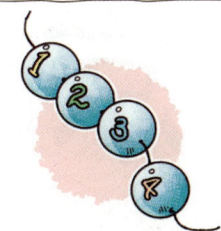

대(竹) 마디처럼 아우(弟)도 차례가 있으니 '차례 제'
• 竹(대 죽), 弔 (아우 제, 제자 제(弟)의 획 줄임)

- 第一(제일) : 첫째. 최고. (一:한 일)
  - 민호는 우리 반에서 공놀이를 第一(제일) 잘 합니다.
- 落第(낙제) : 시험에 떨어짐. (落:떨어질 락)
  - 수학 시험에서 落第(낙제)점수를 받았습니다.

榮榮榮榮榮榮榮榮榮榮榮榮榮榮					第第第第第第第第第第第				
榮	榮				第	第			
영화 영	영화 영				차례 제	차례 제			

겨레 족

方부 7획 (총11획)

族　中 zú

한 깃발(㫃) 아래 화살(矢), 즉 무기를 가지고 뭉친 무리니 '겨레 족'　•㫃[사방(方)의 사람(𠂉)들이 보고 따르는 것이니 '깃발 언'], 矢(화살 시)

- 民**族**(민족) : 겨레. (民:백성 민)
  - 우리 民**族**(민족)은 평화를 사랑합니다.
- 同**族**(동족) : 같은 겨레. 민족. (同:한가지 동)
  - 6.25사변은 同**族**(동족)끼리 총을 겨눈 전쟁입니다.

서울 경

亠부 6획 (총8획)

京　中 jīng　반의어 鄕(시골 향)

높은(咼) 곳에도 작은(小) 집들이 많으니 '서울 경'　•咼[높을 고(高)의 획 줄임], 小(작을 소)

- 上**京**(상경) : 시골에서 서울로 올라감. (上:위 상)
  - 아버지께서 친구분이 아프시다는 소식에 급히 上**京**(상경)하셨습니다.
- 歸**京**(귀경) : 서울로 돌아옴. (歸:돌아올 귀)
  - 휴가가 끝나고 서울로 歸**京**(귀경)하는 사람이 많아 교통이 혼잡합니다.

族族族族族族族族族族族						京京京京京京京京			
族	族					京	京		
겨레 족	겨레 족					서울 경	서울 경		

효성이 지극한 젊은이  3. 임금님이 효자에게 내린 명령

 알 지

矢부 3획 (총8획)

知 中 zhī

화살(矢)처럼 사실에 맞추어 말하니(口) 안다는 데서 '알 지'
- 矢(화살 시), 口(입 구, 말할 구, 구멍 구)

- 知識(지식) : 알고있는 내용. (識:알 식)
  – 책에는 새로운 정보와 다양한 知識(지식)이 있습니다.
- 知能(지능) : 머리의 기능. (能:능할 능)
  – 우리 집 강아지는 知能(지능) 지수가 상당히 높은 것 같습니다.

 칭찬할 상

貝부 8획 (총15획)

賞 中 shǎng

숭상(尚)하여 재물(貝)로 상도 주고 구경도 보내니 '상줄 상'
- 尚(오히려 상, 높을 상, 숭상할 상), 貝(조개 패, 재물 패)

- 賞金(상금) : 상으로 주는 돈. (金:쇠 금)
  – 지영이는 교내 백일장에서 대상을 받아 賞金(상금)을 탔습니다.
- 賞品(상품) : 상으로 주는 물건. (品:물건 품)
  – 달리기에서 1등을 하여 賞品(상품)으로 크레파스를 받았습니다.

知 知 知 知 知 知 知						賞賞賞賞賞賞賞賞賞賞賞賞賞賞賞							
知	知					賞	賞						
알 지	알 지					칭찬할 상	칭찬할 상						

3. 임금님이 효자에게 내린 명령

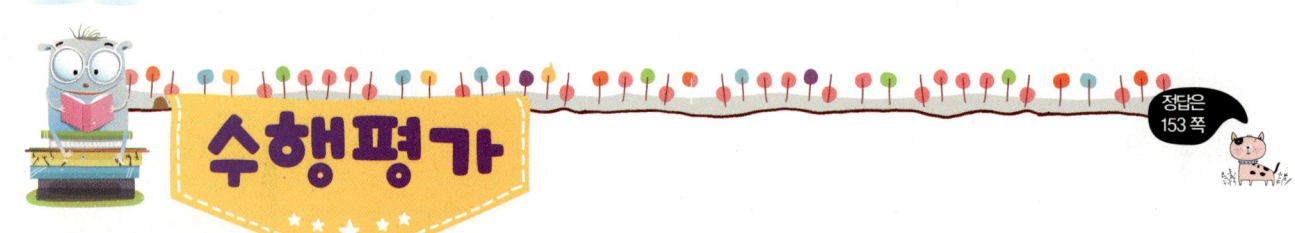

🐦 다음 한자(漢字)의 훈(訓)과 음(音)을 찾아 그 번호를 쓰시오.

1. 榮 (　　) ① 일할 노　② 움직일 동　③ 영화 영　④ 나무 수

2. 族 (　　) ① 겨레 족　② 발 족　③ 다를 별　④ 마땅할 당

🐦 다음의 훈(訓)과 음(音)에 맞는 한자(漢字)를 찾아 그 번호를 쓰시오.

3. 차례 제 (　　) ① 弟　② 第　③ 竹　④ 兄

4. 칭찬할 상 (　　) ① 霜　② 相　③ 面　④ 賞

🐦 다음의 뜻에 맞는 한자어(漢字語)를 고르시오.

5. 빛나는 영예　(　　) ① 榮光　② 光明　③ 明月　④ 天明

6. 첫째, 최고　(　　) ① 第日　② 弟一　③ 第一　④ 才一

7. 같은 겨레, 민족 (　　) ① 家族　② 同族　③ 民族　④ 一族

🐦 다음 글을 읽고 물음에 답하시오.

8. 다음 중 '榮'과 어울리는 한자(漢字)를 고르시오. (　　)
　① 知　② 賞　③ 努　④ 光

9. 다음 중 '知'와 음(音)이 다른 한자(漢字)를 고르시오. (　　)
　① 紙　② 地　③ 賞　④ 志

10. 다음 □ 안에 공통으로 들어갈 수 있는 한자(漢字)를 고르시오.

　　民□, 家□, 同□　　(　　)

　① 京　② 族　③ 食　④ 義

黃 누를 황

黃부 0획 (총12획)

黃 中 huáng

黃 ▶ 黃 ▶ 黃

이십(卄) 일(一)년이나 지남으로 말미암아(由) 팔(八)방이 누런 황무지로 변하니 '누를 황'
• 卄(스물 입, 두 손으로 받들 공), 由(말미암을 유) 八(여덟 팔, 나눌 팔)

- 黃土(황토) : 누런 갈색 빛이 나는 흙. (土:흙 토)
  - 黃土(황토) 밭에서는 식물이 잘 자라지 못합니다.
- 黃金(황금) : 누런 빛의 금. (金:쇠 금)
  - 연못에 黃金(황금) 빛으로 빛나는 물고기가 있습니다.

殺 죽일 살, 감할 쇄

殳부 7획 (총11획)

杀 中 shā

많이(十) 찍고(丶) 나무(木)로 쳐서(殳) 죽여 빨리 없애니 '죽일 살', '감할 쇄'
• 殳(칠 수, 창 수, 몽둥이 수)

- 殺身成仁(살신성인) : 옳은 일을 위해 자기 몸을 희생하는 것. (身:몸 신, 成:이룰 성, 仁:어질 인)
  - 어느 소방관이 殺身成仁(살신성인)의 투혼을 발휘하다 안타깝게 목숨을 잃었습니다.
- 殺到(쇄도) : 주문이 세차게 밀려 듦. (到:이를 도)
  - 공장에 주문이 殺到(쇄도)하고 있어 직원들이 밤낮으로 일합니다.

黃黃黃黃黃黃黃黃黃黃黃黃					殺殺殺殺殺殺殺殺殺殺殺				
黃	黃				殺	殺			
누를 황	누를 황				죽일 살	죽일 살			

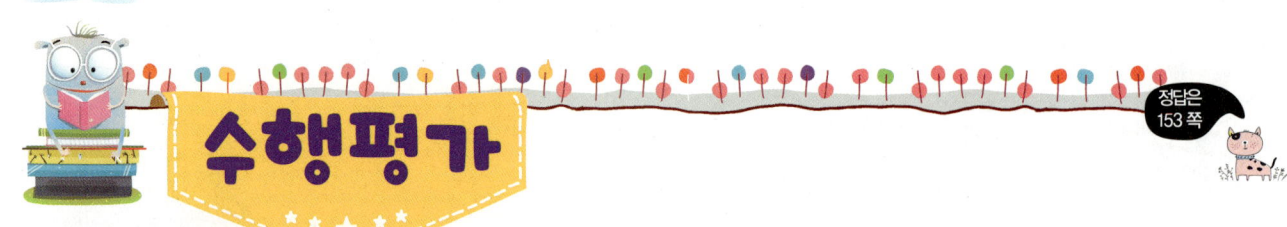

수행평가

다음 한자(漢字)의 훈(訓)과 음(音)을 찾아 그 번호를 쓰시오.

1. 黃 (   ) ① 누를 황   ② 영화 영   ③ 서울 경   ④ 볼 견
2. 殺 (   ) ① 몸 신   ② 죽일 살   ③ 이룰 성   ④ 차례 제

다음의 훈(訓)과 음(音)에 맞는 한자(漢字)를 찾아 그 번호를 쓰시오.

3. 죽일 살 (   ) ① 終   ② 好   ③ 勞   ④ 殺
4. 누를 황 (   ) ① 色   ② 白   ③ 黑   ④ 黃

다음의 뜻에 맞는 한자어(漢字語)를 고르시오.

5. 죽임과 살림 (   ) ① 殺生   ② 殺身   ③ 殺氣   ④ 生氣
6. 누런 갈색 빛이 나는 흙 (   ) ① 黃色   ② 黃人   ③ 黃土   ④ 黃毛

다음 글을 읽고 물음에 답하시오.

7. 다음 중 두 개 이상의 뜻과 음을 가진 한자(漢字)를 고르시오. (   )
  ① 義   ② 殺   ③ 體   ④ 黃

8. 다음 중 색깔을 나타내는 한자(漢字)를 고르시오. (   )
  ① 土   ② 水   ③ 黃   ④ 知

9. 다음 중 '黃'과 어울리는 한자(漢字)를 고르시오. (   )
  ① 身   ② 土   ③ 成   ④ 知

10. 다음 □ 안에 공통으로 들어갈 수 있는 한자(漢字)를 고르시오.
   □金, □色, □土   (   )
  ① 忠   ② 榮   ③ 京   ④ 黃

118 효성이 지극한 젊은이

단원평가

🐦 다음 한자(漢字)의 훈(訓)과 음(音)을 쓰시오.

1. ① 忠 (   )   ② 賞 (   )

🐦 다음 보기와 같이 뜻에 맞는 한자어(漢字語)를 채우고 음(音)을 쓰시오.

보기 하얀 색 – (白 色) – (백색)

2. 남의 잘못을 솔직히 타이름. – ◯ 告 – (   )

3. 보고 듣는 지식 – ◯ 聞 – (   )

4. 죽임과 살림. – ◯ 生 – (   )

🐦 다음 글을 읽고 물음에 답하시오.

5. 다음 한자(漢字)의 독음(讀音)이 다른 것끼리 짝지어진 것을 고르시오. (   )
　① 義 – 意　② 第 – 弟　③ 榮 – 勞　④ 知 – 志

6. 다음 한자어(漢字語)가 상대되는 것끼리 짝지어진 것을 고르시오. (   )
　① 殺生　② 忠意　③ 識見　④ 義氣

7. 다음 중 '見'과 어울리는 한자(漢字)를 고르시오. (   )
　① 角　② 口　③ 學　④ 才

8. 다음 중 '知'와 어울리는 한자(漢字)를 고르시오. (   )
　① 山　② 識　③ 土　④ 牛

🐦 다음의 어원(語原)에 해당하는 한자(漢字)를 고르시오.

9. 가운데서 우러나는 마음으로 대하니 '충성'을 나타냄. (   )
　① 志　② 意　③ 忠　④ 休

10. 눈으로 사람을 보니 '보다'를 나타냄. (   )
　① 好　② 黃　③ 知　④ 見

색을 나타내는 한자쓰기

아래 그림은 횡단보도 모습입니다. □에 맞는 색을 나타내는 한자(韓字)를 보기에서 찾아 쓰고 읽어 봅시다.

보기

赤, 黃, 靑, 黑, 白

見物生心

볼**견** 물건**물** 날**생** 마음**심**

물건을 보면 욕심이 생김.

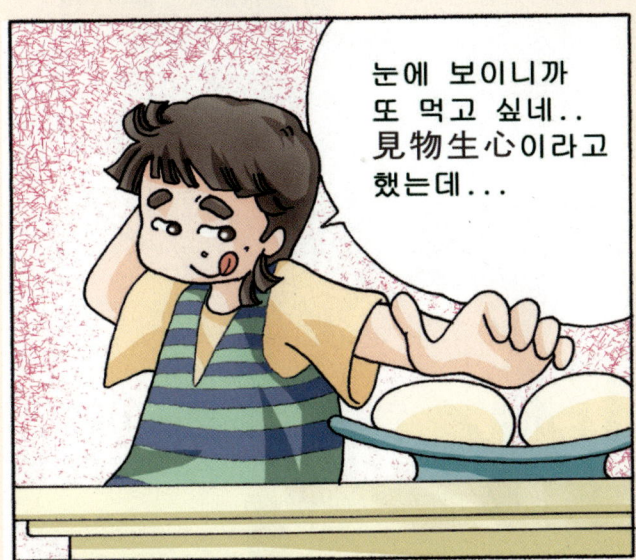

4 효도의 고장

QR을 찍으면 구연동화로 재생 됩니다.

- 연구, 양산 등의 한자어 및 이야기 관련 한자를 공부해 봅시다.
- 벼슬길에 오른 젊은이가 학문의 근본을 효행에 둔 까닭을 말해 봅시다.

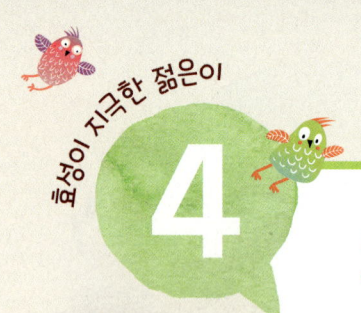

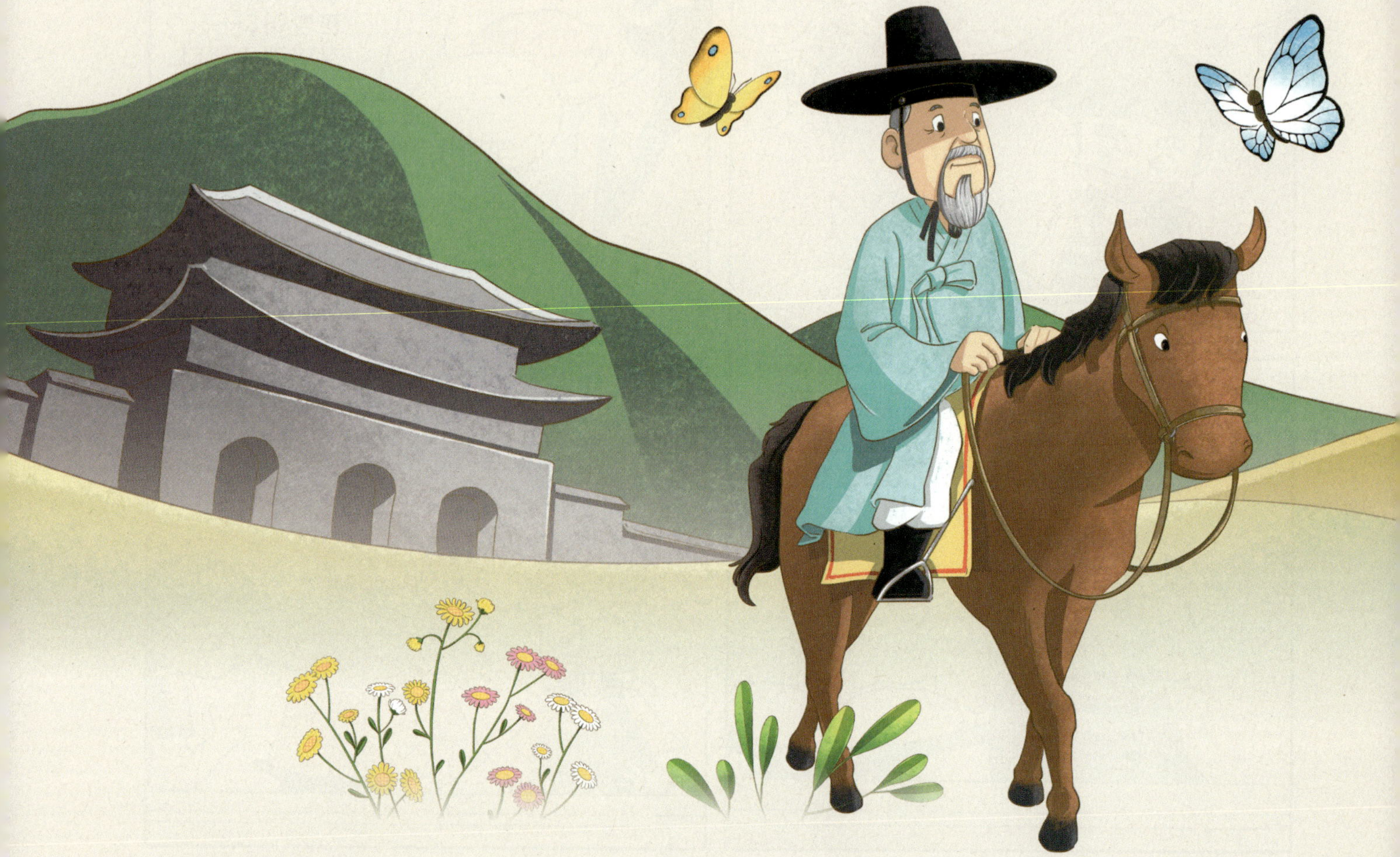

임금님의 명령에 따라 젊은이는 벼슬길에 올랐습니다.

밤낮으로 부지런히 학문을 익히고 研究(**연구**)하였습니다. 임금님께 **으뜸**[元(**원**)]이 되는 신하가 되기 위하여 남다르게 노력하였습니다.

연구 : 깊이있게 조사하고 생각함

그 결과 이제는 다른 사람들이 이해하기 어려운 글도 척척 消化(**소화**)해 낼 뿐 아니라 그 누구도 따를 사람이 없을 정도로 학문이 **깊어졌습니다**[深(**심**)].

소화 : 배운 지식이나 기술 따위를 충분히 익혀 자기 것으로 만듦을 비유적으로 이르는 말

그러나 배움이 깊어질수록 여러 사람이 **出席**
출석 : 수업이나 모임 따위에 참석하는 것
(출석)한 자리에서는 항상 조용하고 겸손하게 행동하는 모범을 보였습니다. 또 나라가 발전하려면 훌륭한 인재를 **量産**(양산)하는 일이 중요하
양산 : 여러 물건을 한꺼번에 많이 만들어 내는 것
다고 여겨 열심히 후배를 가르쳤습니다. 학문의 근본을 효와 예의범절에 두고 가르치고 실천하였습니다. 효도는 백행의 근본이라 전국의 효자 효녀들을 찾아 상을 주고 본받도록 하였습니다.

임금님은 젊은이를 더욱 신임하고 백성들도 그 이름을 익히 알고 존경하였습니다. 세월이 흐르고 나이가 들어 노인이 되자 시골[**鄕**(향)]로 다시 돌아왔습니다. 그러나 천성적인 부지런함으로 쉬지 않고 **農業**(농업)에 종
농업 : 농작물을 심고 가꾸는 직업
사하며 여생을 보냈습니다.

이후로 그 마을에는 **子子孫孫**(자자손손) 효자가 많이 났다고 합니다.
자자손손 : 대대로 이어지는 여러 대의 자손

研	究	元	消	深	席
갈 **연**	연구할 **구**	으뜸 **원**	꺼질 **소**	깊을 **심**	자리 **석**

量	産	鄕	農	業	孫
헤아릴 **량(양)**	낳을 **산**	시골 **향**	농사 **농**	일,업 **업**	손자 **손**

化	出	孝	子
될 **화**	나갈 **출**	효도 **효**	아들 **자**

갈 연

石부 6획 (총11획)

研 中 yán

돌(石)을 방패(干)와 방패(干)를 이은 것처럼 평평하게 갈고 닦으니 '갈 연'
• 石(돌 석), 干(방패 간)

- 研究(연구) : 깊이있게 조사하고 생각함. (究:연구할 구)
  - 삼촌은 생명공학에 관련한 研究(연구) 논문을 준비중입니다.
- 研修(연수) : 학문 등을 연구하여 닦음. (修:닦을 수)
  - 언니는 영어를 공부하기 위해 미국으로 研修(연수)를 떠납니다.

연구할 구

穴부 2획 (총7획)

究 中 jiū

굴(穴)의 많은(九) 부분까지 들어가 힘을 다하여 찾고 연구하니 '연구할 구'
• 穴(구멍 혈), 九(아홉 구, 많을 구)

- 探究(탐구) : 더듬어 파고 들어가 깊이 연구함. (探:찾을 탐)
  - 친구들과 함께 곤충에 대하여 探究(탐구)를 하기로 하였습니다.
- 研究家(연구가) : 깊이있게 조사하고 생각하는 사람. (研:갈 연, 家:집 가)
  - 저 분은 평생 옥수수를 연구하신 研究家(연구가)십니다.

研研研研研研研研研						究究究究究究究				
研	研					究	究			
갈 연	갈 연					연구할 구	연구할 구			

元 으뜸 원

儿부 2획 (총4획)

元 中 yuán

하늘과 땅 사이(二)에 사람(儿)이 원래 으뜸이니 '으뜸 원' · 二('두 이'나 여기서는 하늘땅으로 봄), 儿(사람 인 발, 어진 사람 인)

뜻 활용

- 元祖(원조) : 어떤 일을 처음 시작한 사람. (祖:조상 조)
  - 이 집이 떡볶이의 元祖(원조)라고 합니다.
- 元首(원수) : 국가의 최고 통수권자. (首:머리 수)
  - 이웃 나라의 元首(원수)가 많은 수행원과 함께 서울을 방문하였습니다.

消 꺼질 소

氵(水)부 7획 (총10획)

消 中 xiāo

물(氵)로 작아지게(肖) 하니 '꺼질 소', 또 열정을 삭이고 물러서니 '물러설 소'
· 氵= 水(물 수), 肖(작을 초, 닮을 초)

뜻 활용

- 消失(소실) : 사라져 없어짐. (失:잃을 실)
  - 화재로 문화재가 消失(소실) 되었습니다.
- 消化(소화) : 먹은 음식을 뱃속에서 처리하여 영양분으로 빨아들임. (化:될 화)
  - 음식은 천천히 꼭꼭 씹어먹어야 消化(소화)가 잘 됩니다.

元 元 元 元			消消消消消消消消消消		
元	元		消	消	
으뜸 원	으뜸 원		꺼질 소	꺼질 소	

수행평가

🐦 다음 한자(漢字)의 훈(訓)과 음(音)을 찾아 그 번호를 쓰시오.

1. 消 (   ) ① 꺼질 소   ② 곳 소   ③ 작을 소   ④ 젊을 소
2. 究 (   ) ① 구할 구   ② 아홉 구 ③ 연구할 구 ④ 입 구

🐦 다음의 훈(訓)과 음(音)에 맞는 한자(漢字)를 찾아 그 번호를 쓰시오.

3. 으뜸 원 (   ) ① 圓   ② 元   ③ 原   ④ 見
4. 갈 연   (   ) ① 研   ② 究   ③ 消   ④ 元

🐦 다음의 뜻에 맞는 한자어(漢字語)를 고르시오.

5. 사물을 깊이 생각하고 자세히 조사함 (   ) ① 研求   ② 研九   ③ 元老   ④ 研究
6. 바람을 쐬는 일 (   ) ① 消火   ② 小火   ③ 消風   ④ 消日
7. 국가의 최고 통치권자 (   ) ① 元老   ② 元首   ③ 元氣   ④ 元金

🐦 다음 글을 읽고 물음에 답하시오.

8. 다음 중 '元'과 음(音)이 같은 한자(漢字)를 고르시오. (   )
   ① 知   ② 園   ③ 理   ④ 才

9. 다음 한자어(漢字語)의 구성이 동의어로 짝지어진 것을 고르시오. (   )
   ① 研究   ② 元素   ③ 消火   ④ 元祖

10. 다음 □ 안에 공통으로 들어갈 수 있는 한자(漢字)를 고르시오.
    □金, □首, □祖   (   )
    ① 究   ② 消   ③ 見   ④ 元

4. 효도의 고장

깊을 심

氵(水)부 8획 (총11획)

深 中 shēn

물(氵)에 덮여(冖) 사람(儿)과 나무(木)가 보이지 않으니 '깊을 심'
- 氵(물 수), 冖(덮을 멱), 儿(어진 사람 인), 木(나무 목)

- 水深(수심) : 강, 바다 등의 물의 깊이. (水:물 수)
  – 그 저수지의 水深(수심)이 매우 깊습니다.
- 深化(심화) : 정도가 깊음. (化:될 화)
  – 공부를 많이 했더니 深化(심화) 과정의 문제도 풀 수가 있었습니다.

자리 석

巾부 7획 (총10획)

席 中 xí

여러(庶) 사람이 앉도록 수건(巾)을 깐 자리니 '자리 석'
- 庶[여러 서(庶)의 획 줄임], 巾(수건 건)

- 立席(입석) : 서서 타거나 구경하는 자리. (立:설 입)
  – 기차표를 구하지 못해 어쩔수 없이 立席(입석)표를 샀습니다.
- 出席(출석) : 수업이나 모임 따위에 참석하는 것. (出:날 출)
  – 우리반 친구들이 온라인 수업에 모두 出席(출석)하였습니다.

深深深深深深深深深深深	席席席席席席席席席席
深 深	席 席
깊을 심 깊을 심	자리 석 자리 석

 헤아릴 **량(양)**

里부 5획 (총12획)

量 中 liáng, liàng

量 → 量 → 量

아침(旦)마다 그날 가야 할 거리(里)를 헤아리니 '헤아릴 량'
• 旦(아침 단), 里(마을 리, 거리 리)

- 生産**量**(생산량) : 만들어낸 수량. (生:날 생, 産:낳을 산)
  – 세계 소금 生産**量**(생산량)의 2/3가 돌에서 얻어 낸 돌소금입니다.
- 降水**量**(강수량) : 비가 내리는 양. (降:내릴 강, 水:물 수)
  – 여름은 降水**量**(강수량)이 많은 계절입니다.

 낳을 **산**

生부 6획 (총11획)

产 中 chǎn

産 → 産 → 産

선비(产)처럼 잘 생긴 아이를 낳으니(生) '낳을 산'
• 产[선비 언(彦)의 획 줄임], 生(날 생, 살 생)

- 出**産**(출산) : 아이를 낳음. (出:날 출)
  – 이모가 둘째 아이를 出**産**(출산)하셨습니다.
- **産**苦(산고) : 아이를 낳는 괴로움. (苦:괴로울 고)
  – 어머니는 **産**苦(산고)를 이기고 우리를 낳아 주셨습니다.

量	量	量	量	量	量	昌	昌	量	量	量	量	産	産	産	産	産	産	産	産	産	産	産
量	量											産	産									
헤아릴 량	헤아릴 량											낳을 산	낳을 산									

鄉 시골 향

阝부 10획 (총13획)

乡 中 xiāng

어린(幺) 시절 흰(白) 쌀밥을 숟가락(匕)으로 먹으며 살던 고을(阝)이니 '시골 향', '고향 향'
- 幺(작을 요), 白(흰 백, 밝을 백, 깨끗할 백, 말할 백), 匕(비수 비), 阝(고을 읍)

- 故鄕(고향) : 자기가 태어나고 자란 곳. (故:옛 고)
  – 객지에 사는 사람들은 항상 故鄕(고향)을 그리워합니다.
- 鄕友會(향우회) : 고향이 같은 사람끼리의 모임. (會:모일 회, 友:벗 우)
  – 아버지께서는 오늘 鄕友會(향우회)에 가셨습니다.

農 농사 농

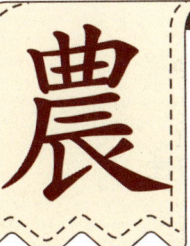

辰부 6획 (총13획)

农 中 nóng

허리 구부리고(曲) 별(辰) 있는 새벽부터 하는 일이니 '농사 농'
- 曲(굽을 곡, 노래 곡), 辰(별 진, 날 신)

- 農夫(농부) : 농사에 종사하는 사람. (夫:사내 부, 남편 부)
  – 農夫(농부)들은 아침 일찍부터 들에서 일합니다.
- 農民(농민) : 농업을 생업으로 하는 사람. (民:백성 민)
  – 농사 지을 물이 부족해 農民(농민)들 사이에 싸움이 나기도 합니다.

鄉	鄉					
시골 향	시골 향					

農	農					
농사 농	농사 농					

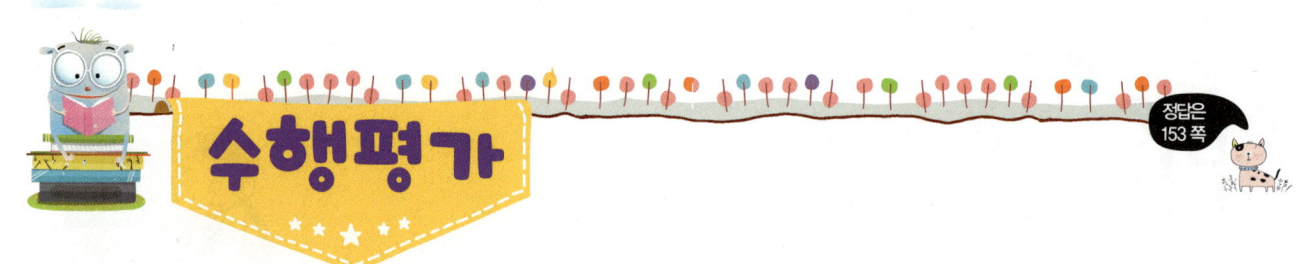

수행평가

🐦 다음 한자(漢字)의 훈(訓)과 음(音)을 찾아 그 번호를 쓰시오.

1. 席 (   )   ① 자리 석   ② 돌 석   ③ 자리 위   ④ 갈 연
2. 産 (   )   ① 꺼릴 소   ② 으뜸 원   ③ 꺼질 소   ④ 낳을 산

🐦 다음의 훈(訓)과 음(音)에 맞는 한자(漢字)를 찾아 그 번호를 쓰시오.

3. 헤아릴 양 (   )   ① 羊   ② 量   ③ 洋   ④ 深
4. 농사 농 (   )   ① 事   ② 農   ③ 席   ④ 究

🐦 다음의 뜻에 맞는 한자어(漢字語)를 고르시오.

5. 강, 바다 등의 물의 깊이 (   )   ① 水深   ② 深化   ③ 深夜   ④ 海深
6. 물건을 만들어 냄 (   )   ① 産業   ② 農産   ③ 生産   ④ 動産

🐦 다음 글을 읽고 물음에 답하시오.

7. 다음 중 '産'과 음이 같은 한자(漢字)를 고르시오. (   )
   ① 殺   ② 山   ③ 深   ④ 席

8. 다음 중 '深'과 음이 같은 한자(漢字)를 고르시오. (   )
   ① 化   ② 夜   ③ 川   ④ 心

9. 다음 중 '農'과 어울리는 한자(漢字)를 고르시오. (   )
   ① 化   ② 夜   ③ 川   ④ 心

10. 다음 □ 안에 공통으로 들어갈 수 있는 한자(漢字)를 고르시오.

    □業, □出, 不動□   (   )

    ① 農   ② 量   ③ 産   ④ 席

4. 효도의 고장

業 일, 업 **업**
木부 9획 (총13획)

业 ㊥ yè

풀 무성한(丵) 곳에 있는 나무(木)와 같이 이미 정해진 운명이고 일이니 '업 업'
• 丵(매울 신(辛) 위에 점 셋을 덧붙여 '풀 무성할 착')

- **生業**(생업) : 생활하기 위한 직업. (生:날 생)
  - 사람들은 저마다의 **生業**(생업)에 충실합니다.
- **農業**(농업) : 농사짓는 일. (農:농사 농)
  - 우리 할아버지는 **農業**(농업)에 종사하셨습니다.

孫 손자 **손**
子부 7획 (총10획)

孙 ㊥ sūn

아들(子)의 대를 이어주는(系) 사람이니 '손자 손'
• 子(아들 자), 系(이을 계)

- **子孫**(자손) : 아들이나 손자. 후손. (子:아들 자)
  - 우리는 모두 단군의 **子孫**(자손)입니다.
- **子子孫孫**(자자손손) : 자손의 여러 대. (子:아들 자)
  - **子子孫孫**(자자손손) 물려주어야 할 환경을 생각하며 분리수거를 하였습니다.

業業業業業業業業業業業業業	孫孫孫孫孫孫孫孫孫孫
業 業	孫 孫
일,업 **업**　일,업 업	손자 **손**　손자 손

수행평가

🐤 다음 한자(漢字)의 훈(訓)과 음(音)을 찾아 그 번호를 쓰시오.

1. 孫 (   ) ① 남편 부   ② 아우 제   ③ 손자 손   ④ 할아버지 조
2. 業 (   ) ① 일 업   ② 향기 향   ③ 낳을 산   ④ 농사 농

🐤 다음의 훈(訓)과 음(音)에 맞는 한자(漢字)를 찾아 그 번호를 쓰시오.

3. 일 업 (   )   ① 農   ② 量   ③ 席   ④ 業
4. 손자 손 (   ) ① 婦   ② 孫   ③ 祖   ④ 元

🐤 다음의 뜻에 맞는 한자어(漢字語)를 고르시오.

5. 아들과 손자, 후손 (   ) ① 孫女   ② 外孫   ③ 子孫   ④ 孫婦
6. 학교의 공부 (   )   ① 事業   ② 學業   ③ 農業   ④ 開業

🐤 다음 글을 읽고 한자(漢字)의 독음(讀音)을 쓰시오.

7. 농촌은 가을에 農事 (   ) 일이 많습니다.
8. 우리는 좋은 환경을 子孫 (   ) 에게 물려줄 책임이 있습니다.

🐤 다음 글을 읽고 물음에 답하시오.

9. 다음 중 '業'과 찾는 부수(部首)가 같은 한자(漢字)를 고르시오. (   )
   ① 榮   ② 席   ③ 農   ④ 老

10. 다음 □ 안에 공통으로 들어갈 수 있는 한자(漢字)를 고르시오.

    □土, □村, □民   (   )

    ① 古   ② 鄕   ③ 深   ④ 量

단원평가

🐦 다음 한자(漢字)의 훈(訓)과 음(音)을 쓰시오.

1. ① 究 (　　　　　) ② 農 (　　　　　)

🐦 다음 보기와 같이 뜻에 맞는 한자어(漢字語)를 채우고 음(音)을 쓰시오.

보기　시골의 마을 – (鄕 村) – (향촌)

2. 맨 윗자리 첫째 석차 – 首◯ – (　　　　　)

3. 많이 만들어 내는 일 – 量◯ – (　　　　　)

🐦 다음 글을 읽고 물음에 답하시오.

4. 다음 한자(漢字)의 독음(讀音)이 다른 것끼리 짝지어진 것을 고르시오. (　　　)
   ① 究 – 求　② 園 – 元　③ 鄕 – 向　④ 孫 – 祖

5. 다음 중 뜻이 서로 상대되는 것끼리 짝지어진 한자어(漢字語)를 고르시오. (　　　)
   ① 京鄕　② 識見　③ 知識　④ 忠義

6. 다음 중 뜻이 서로 비슷한 것끼리 짝지어진 한자어(漢字語)를 고르시오. (　　　)
   ① 深川　② 農業　③ 産業　④ 元首

7. 다음 중 '孫'과 어울리는 한자(漢字)를 고르시오. (　　　)
   ① 口　② 見　③ 子　④ 才

8. 다음 중 '農'과 어울리는 한자(漢字)를 고르시오. (　　　)
   ① 羊　② 夫　③ 米　④ 母

🐦 다음의 어원(語原)에 해당하는 한자(漢字)를 고르시오.

9. '하늘과 땅 사이에 사람이 원래 으뜸임'을 뜻함. (　　　)
   ① 首　② 元　③ 席　④ 産

10. '아침마다 그날 가야 할 거리를 헤아림'을 뜻함. (　　　)
    ① 量　② 業　③ 鄕　④ 京

한자 주사위 놀이하기

친구와 같이 주사위 놀이를 하여 봅시다.
① 주사위를 던져 나온 숫자만큼 앞으로 갑니다.
② 해당 칸에 있는 한자(漢字)의 음(音)과 뜻(訓)을 이야기 해 봅시다.
③ 음(音)과 뜻(訓)을 말하지 못하면 다시 원래 있던 곳으로 되돌아옵니다.
   누가 먼저 도착하는지 출발해 볼까요?

아름다운 화해를 이룬 효도

QR을 찍으면 구연동화로 재생 됩니다.

- '아름다운 화해' 이야기와 관련한 한자를 공부해 봅시다.
- 화목한 가족을 이루려면 어떤 마음가짐이 필요한지 알아봅시다.

옛날 민손이라는 사람은 일찍 어머니를 여의었습니다.

그 아버지는 재혼해서 새로 두 아들을 얻게 되었습니다. 그런데 새어머니는 민손을 미워하였습니다. 아버지가 사 오신 좋은 商品(상품)이나 特別(특별)한 음식은 항상 두 아들의 차지였습니다.

상품 : 팔고 사는 물건 특별 : 일반과 다름

그리고 자기 아들들에게는 겨울철에 두터운 솜옷을 해 입히고 민손에게는 갈대옷을 입혀서 추위에 떨도록 하였습니다. 그러면서 집안에서 해결해야 하는 難解(난해)한 일들은 모두 민손에게 맡겼습니다.

난해 : 이해하기 어려움

그러던 어느날 아침 출근하는 아버지가 민손에게 수레를 끌 수 있나를

試行(시행)해 보기로 하였습니다. 처음에
시행 : 실제로 행함
는 수레를 잘 끌고 가던 민손이 曲線(곡선)으
곡선 : 굽은 선
로 난 길에 이르자 온몸을 벌벌 떨며 더 이상 끌지를 못하는 것
이었습니다. 이를 이상히 여긴 아버지가 수레의 窓門(창문)
창문 : 벽 또는 지붕등에 만들어 놓은 작은 문
으로 내다 보니 아들은 얇은 갈대옷을 입고 있는 것입니다. 그제
야 자초지종을 알게 된 아버지는 새어머니를 쫓아 보내려 하였습니다.

이 때에 민손이 아버지에게 글을 써 올렸습니다. 語法(어법)은 맞지 않지
어법 : 말의 일정한 법칙
만 간곡한 마음으로 書頭(서두)를 시작하였습니다. 「어머니가 계신 現在
서두 : 글의 첫머리   현재 : 이제, 지금
(현재)는 한 아들이 춥되, 장차 어머니가 나가시면 세 아들이 추울 것입니다.」라
고 쓰여 있는 것입니다. 사려 깊은 아들의 말을 듣고 아버지도 옳다고 여기고,
새어머니도 자신의 잘못을 뉘우치고 깨달았습니다.

이후 새어머니는 민손을 사랑으로 보살피고 가르쳤습니다. 민손은 학업에 열
중하여 하루가 다르게 학문이 더하여[級(급)] 나중에 훌륭한 사람이 되었습니
다. 이해와 화해가 어우러져 祝福(축복)을 받은 이 이야기는 우리 주변에서
축복 : 앞날에 행운이 있기를 빎
일어나는 사소한 다툼의 원인을 생각하게 합니다.

새로 배우는 한자

商 장사 상 | 特 특별할 특 | 難 어려울 란(난) | 解 풀 해 | 試 시험할 시 | 曲 굽을 곡
窓 창문 창 | 語 말씀 어 | 頭 머리 두 | 在 있을 재 | 級 더할, 공급할 급 | 祝 축하할 축

이미 배운 한자

品 물건 품 | 別 다를 별 | 行 다닐 행 | 線 줄 선 | 門 문 문 | 法 법 법 | 書 글 서 | 現 나타낼 현 | 福 복 복

 장사 **상**

口부 8획 (총11획)

商 中 shāng

머리(亠)로 요모조모 헤아려(八) 멀리(冂) 있는 사람(儿)도 사도록 말하니(口) '장사 상', '헤아릴 상'
- 亠(머리부분 두), 八(여덟 팔, 나눌 팔), 冂(멀 경, 성 경), 儿(사람 인 발, 어진 사람 인), 口(입 구, 말할 구, 구멍 구)

- **商**品(상품) : 팔고 사는 물건. (品:물건 품)
  – 새로 문을 연 가게에 신기한 **商**品(상품)들이 많이 진열되어 있습니다.

- **商**街(상가) : 상점이 많이 늘어선 거리. (街:거리 가)
  – 오늘은 일요일이라 **商**街(상가)가 모두 쉽니다.

 특별할 **특**

牛부 6획 (총10획)

特 中 tè

소(牛)가 절(寺)에 가는 것은 특별한 일이니 '특별할 특'
- 牛(소 우), 寺(절 사)

- **特**色(특색) : 다른 것과 특히 다른 점. (色:빛 색)
  – 꽃마다 각각의 **特**色(특색)이 있습니다.

- **特**別(특별) : 일반과 다름. (別:다를 별)
  – 아버지께서는 이 도자기를 **特**別(특별)히 아끼십니다.

商商商商商商商商商商商				特特特特特特特特特特				
商	商			特	特				
장사 상	장사 상			특별할 특	특별할 특				

難 어려울 란(난) ^菫

隹부 11획 (총19획)

难　中 nán, nàn

 아름다운 화해를 이룬 효도

진흙(菫)에 빠진 새(隹)는 날기가 어려우니 '어려울 난'
- 菫 [진흙 근(堇)의 변형], 隹(새 추)

- 苦難(고난) : 괴로움과 어려움. (苦:괴로울 고)
  - 영수는 그 동안에 겪었던 苦難(고난)이 심하였음에도 밝은 얼굴입니다.
- 國難(국난) : 나라의 어려움과 위태로움. (國:나라 국)
  - 우리 민족은 國難(국난)을 당할 때마다 나라를 잘 지켜왔습니다.

解 풀 해

角부 6획 (총13획)

解　中 jiě, xiè

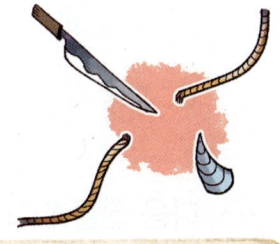

뿔(角)부터 칼(刀)로 소(牛)를 갈라 해부하니 '해부할 해',
또 해부하듯 푸니 '풀 해'
- 角(뿔 각), 刀(칼 도), 牛(소 우)

- 解答(해답) : 문제를 해결하는 답. (答:대답 답)
  - 문제를 푼 다음에 解答(해답)을 보고 틀린 것을 확인했습니다.
- 難解(난해) : 이해하기 어려움. (難:어려울 난)
  - 나는 難解(난해)한 문제를 선생님께 여쭤보았습니다.

難難難難難難難難難難難	解解解解解解解解解解解
難 / 難	解 / 解
어려울 란 / 어려울 란	풀 해 / 풀 해

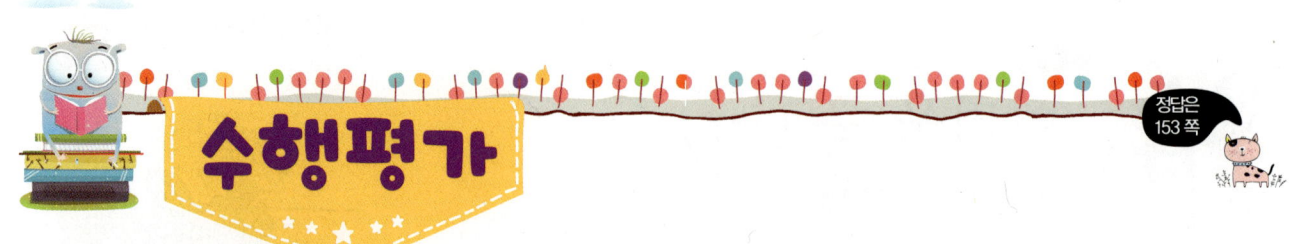

수행평가

🐦 **다음 한자(漢字)의 훈(訓)과 음(音)을 찾아 그 번호를 쓰시오.**

1. 難 (   )   ① 어려울 난   ② 풀 해   ③ 헤아릴 량   ④ 깊을 심
2. 特 (   )   ① 줄 선   ② 특별할 특   ③ 장사 상   ④ 일할 노

🐦 **다음의 훈(訓)과 음(音)에 맞는 한자(漢字)를 찾아 그 번호를 쓰시오.**

3. 장사 상 (   )   ① 相   ② 霜   ③ 上   ④ 商
4. 풀 해 (   )   ① 書   ② 解   ③ 聞   ④ 賢

🐦 **다음의 뜻에 맞는 한자어(漢字語)를 고르시오.**

5. 사고 파는 물건 (   )   ① 品目   ② 相品   ③ 商品   ④ 霜品
6. 보통과 아주 다름 (   )   ① 特別   ② 特性   ③ 特用   ④ 特色

🐦 **다음 글을 읽고 물음에 답하시오.**

7. 다음 중 '解'와 어울리는 한자(漢字)를 고르시오. (   )
   ① 農   ② 明   ③ 義   ④ 婦

8. '진흙에 빠진 새는 날기가 어렵다'는 어원풀이에 맞는 한자(漢字)를 고르시오. (   )
   ① 難   ② 級   ③ 商   ④ 在

9. 다음 중 '商'과 음(音)이 같은 한자(漢字)를 고르시오. (   )
   ① 霜   ② 第   ③ 鄕   ④ 賢

10. 다음 □ 안에 공통으로 들어갈 수 있는 한자(漢字)를 고르시오.
    □人,   □品,   □道   (   )
    ① 特   ② 解   ③ 商   ④ 聞

# 시험할 시

言부 6획 (총13획)

试 ㊥ shì

말(言)이 법(式)에 맞은지 시험하니 '시험할 시'
• 言(말씀 언), 式(법식 식)

뜻 활용

• 試合(시합) : 재주를 겨루어 승부를 가림. (合:합할 합)
— 어제 축구 試合(시합)에서 우리 팀이 이겼습니다.

• 試行(시행) : 실제로 행함. (行:다닐 행)
— 약속한 것을 試行(시행) 하였습니다.

굽을 곡

曰부 2획 (총6획)

曲 ㊥ qū, qǔ

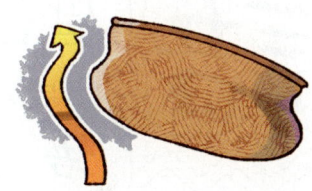

대바구니 위의 굽은 모양을 본떠서 '굽을 곡', 또 노래 가락도 올라가고 내려가는 모습으로 굽었으니 '가락 곡'

뜻 활용

• 歌曲(가곡) : 예술적 의도가 있는 독창용의 성악곡. (歌:노래 가)
— 어머니께서는 우리 歌曲(가곡)을 즐겨 부르십니다.

• 曲線(곡선) : 굽은 선. (曲:굽을 곡) ↔ 直線(직선)
— 고려자기의 曲線(곡선)이 매우 아름답습니다.

試 試 試 試 試 試 試 試 試 試 試 試 試	曲 曲 曲 曲 曲 曲
試 試	曲 曲
시험할 시 　시험할 시	굽을 곡 　굽을 곡

窓 창문 창

穴부 6획 (총11획)

窗 中 chuāng

⿵ → 宀 → 宀
ㄥ → ㄥ → 心 窓

구멍(穴)을 사사로운(ㄥ) 마음(心)으로 벽에 뚫어 만드니 '창문 창'
- 穴(구멍 혈), ㄥ(사사 사, 나 사), 心(마음 심)

- **窓門(창문)** : 벽 또는 지붕 등에 만들어 놓은 작은 문. (門:문 문)
  - 철호는 **窓門(창문)**을 열고 밖을 내다보았습니다.
- **車窓(차창)** : 기차 또는 자동차 등의 창문. (車:수레 차, 거)
  - **車窓(차창)** 너머로 보이는 황금 들판의 풍경이 무척 아름답습니다.

語 말씀 어

言부 7획 (총14획)

语 中 yǔ 동의어 言(말씀 언)

啇 → 言 → 言
吾 → 吾 → 吾 語

말(言)로 나(吾)의 뜻을 알리니 '말씀 어'
- 言(말씀 언), 五(나 오)

- **國語(국어)** : 자기 나라의 말. (國:나라 국)
  - 지선이는 **國語(국어)** 시간이 가장 즐겁다고 합니다.
- **語法(어법)** : 말의 일정한 법칙. (法:법 법)
  - 우리 말을 **語法(어법)**에 맞게 잘 활용해야 합니다.

窓窓窓窓窓窓窓窓窓窓窓				語語語語語語語語語語語語			
窓	窓			語	語		
창문 창	창문 창			말씀 어	말씀 어		

 아름다운 화해를 이룬 효도

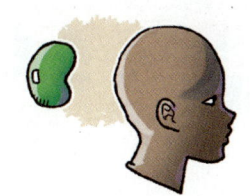

頭

머리 두

頁부 7획 (총16획)

头　中 tóu

콩(豆)처럼 둥근 머리(頁)니 '머리 두',
또 머리처럼 높은 사람이니 '우두머리 두'
• 豆(제기 두, 콩 두), 頁(머리 혈)

- 先頭(선두) : 첫 머리. 맨 앞. (先:먼저 선)
  – 우리 반 대표로 출전한 영호가 **先頭(선두)**에서 달리고 있습니다.
- 序頭(서두) : 글의 첫머리. (序:차례 서)
  – 나는 글의 **序頭(서두)**에서 글을 쓴 이유를 밝혔습니다.

在

있을 재

土부 3획 (총6획)

在　中 zài

한(一) 사람(亻)에게 땅(土)이 있으니 '있을 재'
• 一(한 일), 亻= 人(사람 인), 土(흙 토)

- 在學(재학) : 학교에 다니고 있음. (學:배울 학)
  – 내 동생은 초등학교 2학년에 **在學(재학)**중 입니다.
- 現在(현재) : 이제. 지금. (現:이제 현, 나타날 현)
  – 우리 가족은 **現在(현재)** 서울에서 살고 있습니다.

頭 頭 頭 頭 頭 頭 頭 頭 頭 頭 頭 頭 頭 頭					在 在 在 在 在 在				
頭	頭				在	在			
머리 두	머리 두				있을 재	있을 재			

수행평가

🐦 다음 한자(漢字)의 훈(訓)과 음(音)을 찾아 그 번호를 쓰시오.

1. 語 (   ) ① 어부 어   ② 말씀 어   ③ 말씀 화   ④ 말씀 언
2. 試 (   ) ① 보일 시   ② 처음 시   ③ 시험할 시   ④ 때 시

🐦 다음의 훈(訓)과 음(音)에 맞는 한자(漢字)를 찾아 그 번호를 쓰시오.

3. 머리 두 (   ) ① 頭   ② 首   ③ 元   ④ 師
4. 굽을 곡 (   ) ① 歌   ② 曲   ③ 線   ④ 直

🐦 다음의 뜻에 맞는 한자어(漢字語)를 고르시오.

5. 실제로 행함 (   ) ① 試行   ② 市行   ③ 時行   ④ 示行
6. 자기 나라의 말 (   ) ① 吉語   ② 語學   ③ 語頭   ④ 國語

🐦 다음 글을 읽고 물음에 답하시오.

7. 다음 중 '窓'과 어울리는 한자(漢字)를 고르시오. (   )
   ① 體   ② 婦   ③ 門   ④ 語

8. 다음 중 '在'와 어울리는 한자(漢字)를 고르시오. (   )
   ① 學   ② 義   ③ 婦   ④ 農

9. 다음 중 '頭'와 음(音)이 같은 한자(漢字)를 고르시오. (   )
   ① 斗   ② 道   ③ 到   ④ 同

10. 다음 □ 안에 공통으로 들어갈 수 있는 한자(漢字)를 고르시오.

    言□, □法, 國□   (   )

    ① 試   ② 語   ③ 在   ④ 曲

아름다운 화해를 이룬 효도

給 더할, 공급할 급

糸부 6획 (총12획)

给 中 gěi, jǐ

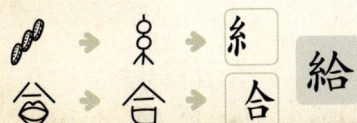 給

실(糸)을 합하여(合) 잇듯 물건을 계속 대어주니 '공급할 급'
• 糸(실 사), 合(합할 합, 맞을 합)

- 給食(급식) : 식사를 제공함. (食:밥 식)
  - 오늘은 내가 給食(급식)당번을 하는 날입니다.
- 給水(급수) : 음료수를 공급함. (水:물 수)
  - 각 給水(급수)대에 컵을 가져다 놓았습니다.

祝 축하할 축

示부 5획 (총10획)

祝 中 zhù

신(示)께 입(口)으로 사람(儿)이 비니 '빌 축',
또 좋은 일에 행복을 빌며 축하하니 '축하할 축'
• 示(보일 시, 신 시), 口(입 구, 말할 구, 구멍 구), 儿(어진 사람 인)

- 祝日(축일) : 축하하는 날. (日:날 일)
  - 성탄절은 교회의 祝日(축일)입니다.
- 祝福(축복) : 앞날에 행운이 있기를 빎. (福:복 복)
  - 이모는 하객들의 祝福(축복) 속에서 결혼식을 올렸습니다.

給	給								
공급할 급	공급할 급								

祝	祝								
축하할 축	축하할 축								

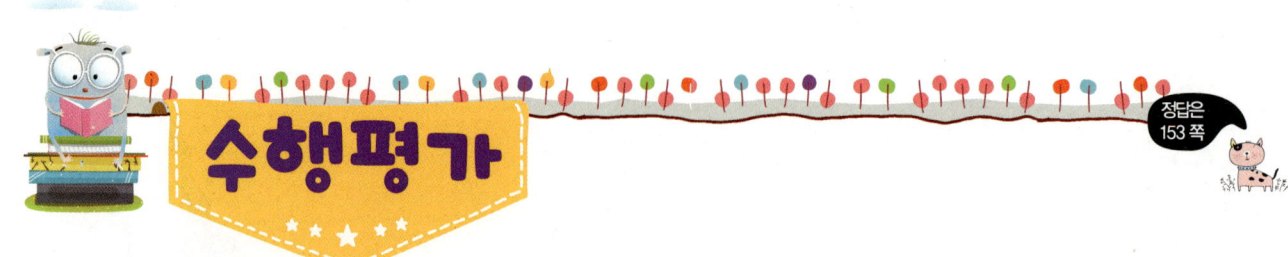

수행평가

🐦 다음 한자(漢字)의 훈(訓)과 음(音)을 찾아 그 번호를 쓰시오.

1. 給 (   ) ① 차례 제   ② 있을 재   ③ 꺼질 소   ④ 공급할 급
2. 祝 (   ) ① 축하할 축 ② 복 복   ③ 칭찬할 상 ④ 일할 노

🐦 다음의 훈(訓)과 음(音)에 맞는 한자(漢字)를 찾아 그 번호를 쓰시오.

3. 축하할 축 (   ) ① 賢   ② 和   ③ 溫   ④ 祝
4. 공급할 급 (   ) ① 億   ② 給   ③ 技   ④ 義

🐦 다음의 뜻에 맞는 한자어(漢字語)를 고르시오.

5. 음식물을 공급함 (   ) ① 給食 ② 急食 ③ 級試 ④ 急試
6. 앞길의 행복을 빔 (   ) ① 祝文 ② 祝福 ③ 賢明 ④ 好感

🐦 다음 글을 읽고 물음에 답하시오.

7. 다음 중 '給'과 어울리는 한자(漢字)를 고르시오. (   )
   ① 食   ② 婦   ③ 體   ④ 孫

8. 다음 중 '祝'과 어울리는 한자(漢字)를 고르시오. (   )
   ① 義   ② 農   ③ 日   ④ 頭

9. 다음 중 '給'과 음(音)이 같은 한자(漢字)를 고르시오. (   )
   ① 線   ② 原   ③ 義   ④ 急

10. 다음 □ 안에 공통으로 들어갈 수 있는 한자(漢字)를 고르시오.

    □歌, □福, □電   (   )

    ① 消   ② 祝   ③ 賢   ④ 好

단원평가

🐦 다음 한자(漢字)의 훈(訓)과 음(音)을 쓰시오.

1. ① 解 (　　　　) 　　② 在 (　　　　)

🐦 다음 보기와 같이 뜻에 맞는 한자어(漢字語)를 채우고 음(音)을 쓰시오.

보기 席　聞　見　㊝知

2. 한 가지를 듣고 열 가지를 미루어 앎. ➡ 聞 一 ◯ 十

3. 이제야 비로소 처음 들음. ➡ 今 時 初 ◯

4. 한 군데에 오래 앉아 있지를 못함. ➡ 坐 不 安 ◯

🐦 다음 글을 읽고 물음에 답하시오.

5. 다음 한자(漢字)의 독음(讀音)이 다른 것끼리 짝지어진 것을 고르시오. (　　　)
   ① 商 – 相　　② 試 – 時　　③ 頭 – 斗　　④ 在 – 弟

6. 다음 한자어(漢字語)가 상대어끼리 짝지어진 것을 고르시오. (　　　)
   ① 窓門　　② 曲直　　③ 商人　　④ 車窓

7. 다음 중 뜻이 비슷한 것끼리 짝지어진 것을 고르시오. (　　　)
   ① 言語　　② 語頭　　③ 給食　　④ 祝日

8. 다음 중 음(音)이 다른 한자(漢字)를 고르시오. (　　　)
   ① 漁　　② 語　　③ 級　　④ 魚

9. 다음 중 '商'과 어울리는 한자(漢字)를 고르시오. (　　　)
   ① 羊　　② 業　　③ 水　　④ 曲

🐦 다음의 어원(語原)에 해당하는 한자(漢字)를 고르시오.

10. '콩처럼 둥글고 또 머리처럼 높은 사람'을 뜻함. (　　　)
    ① 首　　② 頭　　③ 體　　④ 身

나는 어떤 한자일까요?

왼쪽 한자카드의 일부분이 지워져 있습니다. 무슨 글자인지 생각하여 보고 알맞은 음과 뜻을 연결해 봅시다.

在 • • 어려울 난

窓 • • 머리 두

難 • • 창문 창

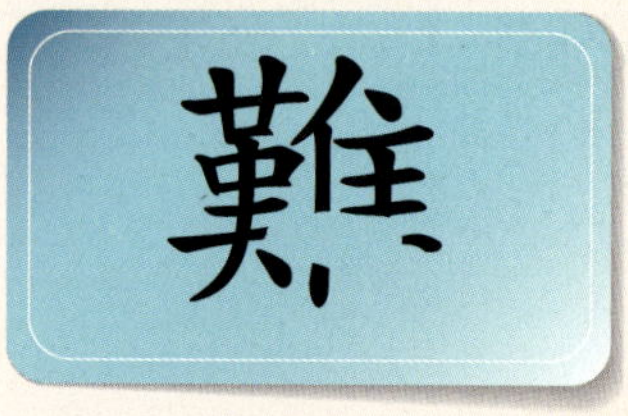

試 • • 있을 재

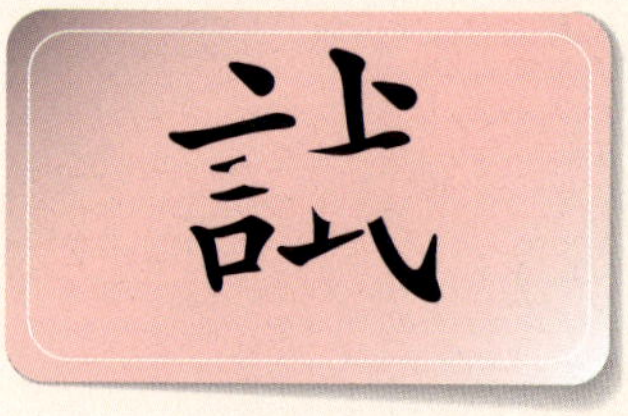

頭 • • 시험할 시

부수한자를
QR로 확인하세요.

214字 부수(部首) 일람표

1획

一	한 일
丨	뚫을 곤
丶	점 주
丿	삐칠 별(삐침)
乙(乚)	새 을
亅	갈고리 궐

2획

二	두 이
亠	머리 두(돼지머리 해)
人(亻)	사람 인(인변)
儿	어진사람 인
入	들 입
八	여덟 팔
冂	멀 경(멀경몸)
冖	덮을 멱(민갓머리)
冫(氷)	얼음 빙(이수변)
几	안석 궤(책상궤)
凵	입 벌일 감(위터진 입 구)
刀(刂)	칼 도(선칼 도)
力	힘 력
勹	쌀 포
匕	비수 비, 숟가락 비
匚	상자 방(터진 입 구)
匸	감출 혜(터진 에운 담)
十	열 십
卜	점 복
卩(㔾)	병부 절(마디 절)
厂	굴바위 엄, 민엄 호, 언덕 한
厶	사사로울 사(마늘 모)
又	또 우, 오른손 우

3획

口	입 구
囗	에울 위(큰입 구)
土	흙 토
士	선비 사
夂	뒤져 올 치
夊	천천히 걸을 쇠
夕	저녁 석
大	큰 대
女	여자 여
子	아들 자
宀	집 면(갓머리)
寸	마디 촌
小	작을 소
尢(兀)	절름발이 왕
尸	주검 시
屮	싹날 철(풀 초)
山	메, 산 산
巛(川)	내 천(개미허리)
工	장인 공
己	몸 기
巾	수건 건(헝겊 건)
干	방패 간
幺	작을 요(어릴 요)
广	바위집 엄(엄 호)
廴	길게 걸을 인(민책받침)
廾	손 맞을 공(스물 입)
弋	주살 익
弓	활 궁
彐(彑)	돼지머리 계(터진가로 왈)
彡	터럭 삼(삐친 석 삼)
彳	두인 변(조금 걸을 척)

4획

心(忄)	마음 심(심방변)
戈	창 과
戶	지게 호(문 호)
手(扌)	손 수(재방변)
支	지탱할 지
攴(攵)	칠 복(등글월 문)
文	글월 문
斗	말 두
斤	도끼 근(날근변)
方	모 방
无(旡)	없을 무(이미 기)
日	날 일
曰	가로 왈
月	달 월
木	나무 목
欠	하품 흠
止	그칠 지
歹(歺)	뼈앙상할 알(죽을사변)

214字 부수(部首) 일람표

4획

殳	몽둥이칠 수(갖은등글월 문)
毋	말 무, 없을 무
比	견줄 비
毛	터럭 모
氏	성씨 씨(각시 씨)
气	기운 기
水(氵)	물 수(삼수변)
火(灬)	불 화
爪(爫)	손톱 조
父	아버지 부(아비 부)
爻	사귈 효(점괘 효, 본받을 효)
爿	조각널 장(장수장변)
片	조각 편
牙	어금니 아
牛(牜)	소 우
犬(犭)	개 견(개사슴록변)

5획

玄	검을 현
玉(王)	구슬 옥(임금 왕)
瓜	오이 과
瓦	기와 와
甘	달 감
生	날 생
用	쓸 용
田	밭 전
疋	발 소(짝필변)
疒	병들 녁(병질 엄)
癶	걸을 발(필발머리)
白	흰 백
皮	가죽 피
皿	그릇 명
目	눈 목
矛	창 모
矢	화살 시
石	돌 석
示(礻)	보일 시
禸	짐승 발자국 유
禾	벼 화
穴	구멍 혈
立	설 립

6획

竹	대 죽
米	쌀 미
糸	실 사(실 멱)
缶	장군 부
网(罒)	그물 망
羊(䍃)	양 양
羽	깃 우
老(耂)	늙을 로
而	말 이을 이
耒	쟁기 뢰
耳	귀 이
聿	붓 률
肉(月)	고기 육(육달월변)
臣	신하 신
自	스스로 자
至	이를 지
臼	절구 구(확구)
舌	혀 설
舛	어그러질 천
舟	배 주
艮	그칠 간
色	빛 색
艸(艹)	풀 초(초두)
虍	범 호, 범가죽무늬 호
虫	벌레 충
血	피 혈
行	다닐 행
衣(衤)	옷 의
襾(西)	덮을 아

7획

見	볼 견
角	뿔 각
言	말씀 언
谷	골 곡
豆	콩 두
豕	돼지 시
豸	벌레 치, 해태 치
貝	조개 패
赤	붉을 적
走	달아날 주

7획

足(⻊)	발 족
身	몸 신
車	수레 거, 수레 차
辛	매울 신
辰	별 진, 날 신
辵(辶)	쉬엄쉬엄 갈 착(책받침)
邑(⻖)	고을 읍(우부방)
酉	닭 유
釆	분별할 변
里	마을 리

8획

金	쇠 금, 성 김
長(镸)	긴 장
門	문 문
阜(⻖)	언덕 부(좌부방)
隶	미칠 이
隹	새 추
雨	비 우
靑(青)	푸를 청
非	아닐 비

9획

面	낯 면
革	가죽 혁
韋	가죽 위
韭	부추 구
音	소리 음
頁	머리 혈
風	바람 풍
飛	날 비
食(飠)	밥 식
首	머리 수
香	향기 향

10획

馬	말 마
骨	뼈 골
高	높을 고
髟	머리 늘어질 표(터럭발 삼)
鬥	싸울 투
鬯	울집 창
鬲	오지병 격
鬼	귀신 귀

11획

魚	물고기 어
鳥	새 조
鹵	소금밭 로
鹿	사슴 록
麥	보리 맥
麻	삼 마

12획

黃	누를 황
黍	기장 서
黑	검을 흑
黹	바느질 치

13획

黽	맹꽁이 맹
鼎	솥 정
鼓	북 고
鼠	쥐 서

14획

鼻	코 비
齊	가지런할 제

15획

齒	이 치

16획

龍	용 룡
龜	거북 귀(구)

17획

龠	피리 약

황금사과나무

1

수행평가

14쪽	1.③	2.①	3.②	4.④	5.②	6.②	7.①	8.공원	9.석양	10.③
18쪽	1.②	2.①	3.①	4.③	5.④	6.②	7.③	8.과거	9.④	10.②
20쪽	1.①	2.②	3.④	4.②	5.①	6.③	7.소망	8.①	9.②	10.④

단원평가

| 21쪽 | 1.①갈 거 | ②볕 양 | 2.行星 | 3.案內 | 4.③ | 5.⑤ |
| | 6.② | 7.① | 8.② | 9.② | 10.④ | |

2

수행평가

28쪽	1.④	2.①	3.②	4.③	5.①	6.③	7.②	8.경로	9.③	10.④
32쪽	1.②	2.①	3.②	4.①	5.②	6.③	7.신용	8.비음	9.①	10.④
34쪽	1.④	2.②	3.②	4.③	5.①	6.②	7.암실	8.사지	9.④	10.④

단원평가

| 35쪽 | 1.①뜻 정 | ②빠를 속 | 2.明暗 | 3.尊敬 | 4.③ | 5.② |
| | 6.② | 7.④ | 8.③ | 9.① | 10.③ | |

3

수행평가

42쪽	1.③	2.②	3.④	4.③	5.①	6.②	7.동화	8.기분	9.①	10.②
46쪽	1.③	2.④	3.②	4.①	5.②	6.①	7.정초	8.은행	9.②	10.③
48쪽	1.①	2.③	3.②	4.④	5.①	6.③	7.감기	8.①	9.②	10.④

단원평가

| 49쪽 | 1.①다를 타 | ②뽑을 선 | 2.童話 | 3.奉祝 | 4.③ | 5.① |
| | 6.③ | 7.④ | 8.② | 9.② | 10.④ | |

4

수행평가

56쪽	1.④	2.①	3.①	4.③	5.②	6.④	7.진품	8.교통	9.②	10.③
60쪽	1.①	2.③	3.④	4.②	5.②	6.①	7.원인	8.양분	9.①	10.②
62쪽	1.②	2.①	3.③	4.④	5.①	6.①	7.결혼	8.경사	9.①	10.③

단원평가

| 63쪽 | 1.①통할 통 | ②펼 전 | 2.所用 | 3.養女 | 4.② | 5.① |
| | 6.① | 7.手 | 8.他 | 9.② | 10.① | |

밤마다 우는 카나리아

수행평가

70쪽	1.①	2.①	3.③	4.④	5.②	6.①	7.유의	8.합계	9.②	10.②
74쪽	1.②	2.④	3.③	4.④	5.①	6.③	7.관민	8.도래	9.①	10.②
76쪽	1.①	2.②	3.④	4.②	5.①	6.③	7.현금	8.회로	9.③	10.④

단원평가

| 77쪽 | 1.①셈할 계 | ②이를 도 | 2.回心 | 3.生計 | 4.③ | 5.③ |
| | 6.① | 7.不 | 8.家 | 9.② | 10.④ | |

효성이 지극한 젊은이

84쪽	1.④	2.②	3.③	4.②	5.①	6.③	7.②	8.휴학	9.②	10.④
88쪽	1.①	2.④	3.②	4.③	5.②	6.①	7.④	8.자유	9.④	10.①
90쪽	1.①	2.③	3.④	4.②	5.③	6.①	7.③	8.필독	9.①	10.③

| 91쪽 | 1.① 백성 민 | ② 호수 호 | 2.必, 필요 | 3.漁, 어부 | 4.線, 직선 |
| | 5.③ | 6.④ | 7.① | 8.② | 9.③ | 10.求,求生 |

98쪽	1.①	2.③	3.③	4.②	5.④	6.②	7.①	8.육안	9.③	10.③
102쪽	1.③	2.①	3.④	4.③	5.③	6.②	7.①	8.④	9.④	10.②
104쪽	1.②	2.①	3.④	4.③	5.②	6.④	7.①	8.재기	9.③	10.④

| 105쪽 | 1.① 눈 안 | ② 검을 흑 | 2.意, 의지 | 3.賢, 현모 | 4.① | 5.④ |
| | 6.② | 7.③ | 8.③ | 9.② | 10.① | |

112쪽	1.②	2.③	3.①	4.④	5.②	6.④	7.충고	8.견학	9.①	10.③
116쪽	1.③	2.①	3.②	4.④	5.①	6.③	7.②	8.④	9.③	10.②
118쪽	1.①	2.②	3.④	4.④	5.①	6.③	7.②	8.③	9.②	10.④

| 119쪽 | 1.① 충성 충 | ② 칭찬할 상 | 2.忠, 충고 | 3.見, 견문 | 4.殺, 살생 |
| | 5.③ | 6.① | 7.③ | 8.② | 9.③ | 10.④ |

126쪽	1.①	2.③	3.②	4.①	5.④	6.③	7.②	8.④	9.①	10.④
130쪽	1.①	2.④	3.②	4.②	5.①	6.③	7.②	8.④	9.④	10.③
132쪽	1.③	2.①	3.④	4.②	5.③	6.②	7.농사	8.자손	9.①	10.②

| 133쪽 | 1.① 연구할 구 | ② 농사 농 | 2.席, 수석 | 3.産, 양산 | 4.④ |
| | 5.④ | 6.④ | 7.③ | 8.② | 9.② | 10.① |

아름다운 화해를 이룬 효도

140쪽	1.①	2.②	3.④	4.②	5.③	6.①	7.②	8.①	9.①	10.③
144쪽	1.②	2.③	3.①	4.②	5.①	6.④	7.③	8.①	9.①	10.②
146쪽	1.④	2.①	3.④	4.②	5.①	6.②	7.①	8.③	9.④	10.②

| 147쪽 | 1.① 풀 해 | ② 있을 재 | 2.知 | 3.聞 | 4.席 |
| | 5.④ | 6.② | 7.① | 8.③ | 9.② | 10.② |

황금사과나무
밤마다 우는 카나리아

한자	음	훈	쪽수
家	가	집	31
街	가	거리	45
感	감	감동할	47
去	거	갈	13
結	결	맺을	61
敬	경	공경할	27
慶	경	경사	61
界	계	경계	45
計	계	셈할	69
過	과	지날, 허물	12
官	관	벼슬	72
交	교	사귈	41
句	구	글귀	73
期	기	기약할	68
德	덕	덕	30
到	도	이를	72
留	류(유)	머무를	68
望	망	바랄	19
務	무	힘쓸, 일	71
反	반	돌이킬	71
拜	배	절	73
奉	봉	받들	43
分	분	나눌	41
鼻	비	코	30
死	사	죽을	33
選	선	뽑을	43
船	선	배	69
星	성	별	15
所	소	곳, 바	57
速	속	빠를	29

한자	음	훈	쪽수
時	시	때	16
信	신	믿을	31
惡	악, 오	악할, 더러울	58
案	안	책상, 생각	17
暗	암	어두울	33
愛	애	사랑	26
陽	양	볕	13
養	양	기를, 받들	59
容	용	얼굴	47
園	원	동산	12
恩	은	은혜	15
銀	은	은	44
因	인	인할	58
展	전	펼	57
情	정	뜻	26
早	조	일찍	29
尊	존	높을	27
眞	진	참	54
初	초	처음	44
最	최	가장	17
親	친	친할	54
他	타	다를	40
通	통	통할	55
現	현	나타날	75
惠	혜	은혜	16
婚	혼	혼인할	59
話	화	이야기	40
化	화	될	55
回	회	돌아올	75
希	희	바랄	19

가나다 순

4-2단계

효성이 지극한 젊은이
아름다운 화해를 이룬 효도

한자	음	훈	쪽수
見	견	볼	111
京	경	서울	114
曲	곡	굽을	141
公	공	공평할, 공변될	101
究	구	연구할	124
給	급	더할, 공급할	145
農	농	농사	129
堂	당	집	96
頭	두	머리	143
難	란(난)	어려울	139
量	량(양)	헤아릴	128
勞	로(노)	일할	101
理	리(이)	다스릴	87
聞	문	들을	103
民	민	백성	82
婦	부	며느리	99
産	산	낳을	128
殺	살, 쇄	죽일, 감할	117
賞	상	칭찬할	115
商	상	장사	138
席	석	자리	127
線	선	줄	85
消	소	꺼질	125
孫	손	손자	131
試	시	시험할	141
識	식, 지	알, 기록할	111
深	심	깊을	127
眼	안	눈	97
漁	어	어부, 고기잡을	85
語	어	말씀	142

한자	음	훈	쪽수
業	업	일, 업	131
研	연	갈	124
榮	영	영화	113
要	요	반드시	89
元	원	으뜸	125
由	유	말미암을	87
意	의	뜻	96
義	의	옳을	110
才	재	재주	103
在	재	있을	143
第	제	차례	113
族	족	겨레	114
終	종	마칠	83
志	지	뜻	97
知	지	알	115
窓	창	창문	142
體	체	몸	100
祝	축	축하할	145
忠	충	충성	110
特	특	특별할	138
表	표	겉	86
必	필	반드시	89
解	해	풀	139
鄕	향	시골	129
賢	현	어질	99
湖	호	호수	83
好	호	좋을	86
黃	황	누를	117
休	휴	쉴	82
黑	흑	검을	100

반의어(反意語) / 상대어(相對語)
뜻이 반대(상대)되는 한자

去(갈 거)	↔	來(올 래)	官(벼슬 관) ↔ 民(백성 민)
明(밝을 명)	↔	暗(어두울 암)	生(날 생) ↔ 死(죽을 사)
因(인할 인)	↔	果(열매 과)	自(스스로 자) ↔ 他(다를 타)
夫(남편 부)	↔	婦(아내 부)	殺(죽일 살) ↔ 生(살 생)
京(서울 경)	↔	鄕(시골 향)	曲(굽을 곡) ↔ 直(곧을 직)

동의어(同意語)
뜻이 같은 한자

街(거리 가) — 路(길 로)　　去(갈 거) — 過(지날 과)
室(집 실) — 家(집 가)　　養(기를 양) — 育(기를 육)
原(근원 원) — 因(인할 인)　　恩(은혜 은) — 惠(은혜 혜)
尊(높을 존) — 敬(공경할 경)　　希(바랄 희) — 望(바랄 망)
必(반드시 필) — 要(반드시 요)　　衣(옷 의) — 服(옷 복)
情(뜻 정) — 意(뜻 의)　　研(갈 연) — 究(연구할 구)
知(알 지) — 識(알 식)　　元(으뜸 원) — 首(머리 수)
言(말씀 언) — 語(말씀 어)

동음이의어(同音異義語)
음이 같고 뜻이 다른 한자

語(말씀 어) ─ 漁(어부 어)　　義(옳을 의) ─ 意(뜻 의)
才(재주 재) ─ 在(있을 재)　　知(알 지) ─ 志(뜻 지)
鄕(시골 향) ─ 向(향할 향)　　湖(호수 호) ─ 好(좋을 호)
商(장사 상) ─ 賞(칭찬할 상) ─ 霜(서리 상)

사자성어(四字成語)

家家戶戶(가가호호) : 家(집 가) 戶(집 호)
집집마다.

金石之交(금석지교) : 金(쇠 금) 石(돌 석) 之(갈 지) 交(사귈 교)
쇠나 돌과 같은 굳은 사귐.

百年大計(백년대계) : 百(일백 백) 年(해 년) 大(큰 대) 計(셈 계)
먼 장래를 내다보고 세우는 계획

先見之明(선견지명) : 先(먼저 선) 見(볼 견) 之(갈 지) 明(밝을 명)
어떤 일이 닥침을 미리 앎.

水魚之交(수어지교) : 水(물 수) 魚(물고기 어) 之(갈 지) 交(사귈 교)
물과 고기가 사귐, 매우 친밀하게 사귀어 떨어질 수 없는 사이

他山之石(타산지석) : 他(다를 타) 山(뫼 산) 之(갈 지) 石(돌 석)
'남의 산의 돌'로, 남의 하찮은 것도 나를 깨치는데 도움이 됨을 말할 때 쓰는 말

公明正大(공명정대) : 公(공변될 공) 明(밝을 명) 正(바를 정) 大(큰 대)
하는 일이나 태도가 떳떳하고 정당함.

不問曲直(불문곡직) : 不(아닐 불) 問(물을 문) 曲(굽을 곡) 直(곧을 직)
옳고 그른 것을 묻지도 않고 함부로 마구 함.

不學無識(불학무식) : 不(아니 불) 學(배울 학) 無(없을 무) 識(알 식)
배우지 못하여 아는 것이 없음.

好衣好食(호의호식) : 好(좋을 호) 衣(옷 의) 好(좋을 호) 食(먹을 식)
잘 입고 잘 먹는 생활

4-1단계 기본한자 판별지

 황금사과나무
밤마다 우는 카나리아

자	훈(뜻)	음(소리)	字	訓	音	자	훈(뜻)	음(소리)	字	訓	音
過	지날, 허물	과	話	이야기	화	所	곳, 바	소	反	돌이킬	반
去	갈	거	時	때	시	感	감동할	감	拜	절	배
恩	은혜	은	計	셈할	계	官	벼슬	관	鼻	코	비
惠	은혜	혜	初	처음	초	選	뽑을	선	星	별	성
希	바랄	희	期	기약할	기	惡	악할, 더러울	악, 오	信	믿을	신
望	바랄	망	德	덕	덕	化	될	화	案	책상, 생각	안
愛	사랑	애	分	나눌	분	回	돌아올	회	暗	어두울	암
情	뜻	정	親	친할	친	船	배	선	陽	볕	양
尊	높을	존	交	사귈	교	家	집	가	容	얼굴	용
敬	공경할	경	死	죽을	사	街	거리	가	園	동산	원
早	일찍	조	因	인할	인	慶	경사	경	銀	은	은
速	빠를	속	他	다를	타	句	글귀	구	展	펼	전
結	맺을	결	界	경계	계	到	이를	도	眞	참	진
婚	혼인할	혼	奉	받들	봉	留	머무를	류(유)	最	가장	최
通	통할	통	養	기를, 받들	양	務	힘쓸, 일	습	現	나타날	현

學校　　　學年　　　班　　　姓名

4-2 단계

효성이 지극한 젊은이
아름다운 화해를 이룬 효도

자	훈(뜻)	음(소리)	字	訓	音	자	훈(뜻)	음(소리)	字	訓	音
必	반드시	필	識	알,기록할	식,지	理	다스릴	리(이)	席	자리	석
要	반드시	요	見	볼	견	由	말미암을	유	休	쉴	휴
意	뜻	의	聞	들을	문	孫	손자	손	終	마칠	종
志	뜻	지	曲	굽을	곡	婦	아내,며느리	부	商	장사	상
公	공평할,공변될	공	線	줄	선	表	겉	표	好	좋을	호
勞	일할	로(노)	民	백성	민	黑	검을	흑	湖	호수	호
忠	충성	충	族	겨레	족	體	몸	체	漁	어부,고기잡을	어
義	옳을	의	特	특별할	특	才	재주	재	堂	집	당
研	갈	연	賞	칭찬할	상	榮	영화	영	眼	눈	안
究	연구할	구	京	서울	경	第	차례	제	賢	어질	현
農	농사	농	鄕	시골	향	黃	누를	황	試	시험할	시
業	업	업	量	헤아릴	량(양)	殺	죽일,감할	살,쇄	窓	창문	창
難	어려울	란(난)	産	낳을	산	元	으뜸	원	在	있을	재
解	풀	해	語	말씀	어	消	꺼질	소	給	더할,공급할	급
知	알	지	頭	머리	두	深	깊을	심	祝	축하할	축

집필진	양혜순* (전 서울상지초등학교)	양복실 (전 서울상신초등학교)

*표시는 집필 책임자임

심의진 경기도교육청 인정도서심의회 위원

이종미* (샘모루초등학교)	오성철 (서울교육대학교)
이경호 (고려대학교)	김진희 (함현초등학교)
이용승 (성사초등학교)	이호석 (임진초등학교)
이소영 (안산원곡초등학교)	최하나 (정왕고등학교)

*표시는 인정도서심의회 심사위원장임

감수진

고상렬 (전 교문초등학교)	김득영 (전 능길초등학교)
임재범 (영광여자고등학교)	신용배 (전 장파초등학교)

편집디자인 VISUALOGUE

삽화 이문정, 수아, 이수정, 유희준

교육부의 위임을 받아 경기도교육청에서 2021년 인정·승인을 하였음.

초등학교 **생각의 나이테 초등한자 4단계**

초판 발행	2021. 3. 1.
5쇄 발행	2025. 1. 2.
지 은 이	양혜순 외 1인
발 행 인	글샘교육(주) 경기도 광명시 일직로 43, A동 2104호(일직동, GIDC)
인 쇄 인	주)타라티피에스 경기도 파주시 상지석길 245 (상지석동, (주)타라)

이 교과서의 본문 용지는 우수 재활용 제품 인증을 받은 재활용 종이를 사용했습니다.
교과서에 대한 문의사항이나 의견이 있는 분은 교육부와 한국교과서연구재단이 운영하는 교과서민원바로처리센터
(전화: 1566-8572, 웹사이트: http://www.textbook114.com 또는 http://www.교과서114.com)에 문의하여 주시기 바랍니다.

이 도서에 게재된 저작물에 대한 보상금은 문화체육관광부장관이 정하는 기준에 따라
사단법인 한국복제전송저작권협회(02-2608-2800, www.korra.kr)에서 저작재산권자에게 지급합니다.

내용관련문의 : 한자교육평가원 (경기도 광명시 일직로 43, A동 2104호(일직동, GIDC))
개별구입문의 : 홈페이지 주소 www.gsedu.co.kr 02-549-1155 한자교육평가원